U0102986

談經說義——淺論六祖壇經

佛學與人生系列 10

左震宇 著

博客思出版社

前言

在佛教經典中，六祖壇經是一部很特別的經典，因爲它是唯一出自漢地佛教大師的語錄，最初時只是六祖的弟子法海，應韋刺使之請，將六祖在大梵寺說法的過程記錄下來，後來傳抄四方時，本來法海並未將之命名爲「經」，在大梵寺時題名爲《摩訶般若波羅蜜經六祖惠能大師於韶州大梵寺施法一卷》，傳無相戒時題名《摩訶般若波羅蜜經六祖惠能大師於韶州大梵寺施法一卷兼授無相戒》，法海同門往外抄寫傳出時，將書名稱之爲《六祖法寶記一卷》，這之前可稱之爲「祖本」。迨六祖滅後，其門人又將六祖與個別弟子的問答（主要是機緣品）、臨終的付囑等編於祖本之後，並修改或潤飾祖本，法海則將書名增補爲《南宗頓教最上大乘摩訶般若波羅蜜經六祖惠能大師於韶州大梵寺施法壇經一卷兼授無相戒》，此時已將之定位爲法壇「經」，甚至在經末載明：「若論宗指，傳授『壇經』，以此爲依約。若不得『壇經』，卽無稟受。須知去處、年月日、姓名，遍相付囑。無『壇經』稟承，非南宗弟子也。未得稟承者，雖說頓教法，未知根本，終不免諍。」，此時可看出，六祖之後傳承正統被特別強調出來。印順法師說過：「『壇經』，是經一再的修改添糅而成的。」壇經在曹溪，是手抄秘本，在少數人中流傳，直至神會門下之時，爲維護神會以來的正統說而加以修改添糅。

當時傳抄版本可能多達十餘種，文字內容比較古樸又鄙俚繁雜，北宋契嵩將之修正、潤飾，才有今日流暢的文句，但壇經從六祖生前到十四世紀的德異及宗寶本爲止，因某些目的或修改或增添它處流傳之內容，使得壇經內容有些部份不合情理。

行由品中：「神秀作偈成已，數度欲呈，行至堂前，心中恍惚，遍身汗流，擬呈不得；前後經四日，一十三度呈偈不得。秀乃思惟：『不如向廊下書著，從他和尚看見。忽若道好，即出禮拜，云是秀作；若道不堪，枉向山中數年，受人禮拜，更修何道？』是夜三更，不使人知，自執燈，書偈於南廊壁間，呈心所見。偈曰：『身是菩提樹，心如明鏡臺，時時勤拂拭，勿使惹塵埃。』

秀書偈了，便卻歸房，人總不知。秀復思惟：『五祖明日見偈歡喜，即我與法有緣；若言不堪，自是我迷，宿業障重，不合得法。』聖意難測，房中思想，坐臥不安，直至五更。」

這一段文中，後面已說了「人總不知」，所以，應該只有當事人神秀知道，但是，他有可能會跟人說，當初偈作好後擺了四天，想呈上去時是如何的恍惚、汗流，還清楚的記得進退一十三回，後來臨機一動，寫在廊上，然後坐臥不安到五更天？若比照敦煌版本，是沒有這一段精彩又動人的劇情。

研讀壇經，要避免被外加的「目的」而打轉，畢竟在那個南北宗對立的年代，刻意去宣揚己方的正統而去貶抑他方的不是，是慣用的手法。

「祖以杖擊碓三下而去。惠能即會祖意，三鼓入室；祖以袈裟遮圍，不令人見，為說金剛經。」

這一段也是敦煌本沒有的，袈裟遮圍這舉動，有的說是五祖用袈裟把他和惠能二人遮起來，也有說是遮住窗子不讓外面的人看見。不管那個說法都不合情理，第一種說法，可以想像一下，二個大男人用一件不大不小的僧服罩著，然後在昏暗的燭光下頌讀金剛經，這是多麼怪異的情景！若是遮住窗子不讓外面人瞧見，也不合理，五祖應該是設法不讓外人聽見聲音，而不是身形？遮窗做什麼？

「惠能後至曹溪，又被惡人尋逐，乃於四會，避難獵人隊中，凡經一十五載，時與獵人隨宜說法。獵人常令守網，每見生命，盡放之。每至飯時，以菜寄煮肉鍋。或問，則對曰：『但喫肉邊菜。』」

這段文就有二個不合理之處，一個是在獵人隊中十五年，有沒有可能藏身這麼久，不是重點，而是這麼久的時間中，每次都把獵人捉回來的獵物放走，有那一個獵人會沒意見的？若是認同他隨宜說法而不去計較，這麼久的時間獵人們也該放下屠刀了，還常令守網，不如自己放了還比較快。第二個問題是一十五年的計算，敦煌本大都寫五年或四年，沒有寫十五年這麼久，會不會是筆誤將五年寫成十五年？如果不是可能是爲了配合壇經末所述：

「師，春秋七十有六，年二十四傳衣，三十九祝髮，說法利生三十七載。」

二十四歲得法，三十九歲在法性寺剃髮出家，這中間有十五年必須在獵人隊中才合理，可是第一，若是二十四歲得法，那約在二十三歲時拜別「老母」？也許古人較今人早衰，四十多歲就老態龍鍾，又或許不管母親年歲多少，對子女而言都會尊稱老母，但是，曹溪本中五祖：「『如是，如是。以後佛法，由汝大行矣。汝去三年，吾方逝世。汝今好去，努力向南，不宜速說，佛法難起。』」

五祖是在西元六七五年逝世，六祖是在六七六年至法性寺出家，所以六祖就不是在二十四歲時得法，在獵人隊應該是四年左右。而至於在獵人隊中是否每見生命盡放之？就算是四年好了，也不太可能，敦煌本只有提到在獵人隊中隨宜說法，也許是南宗門人，爲了幫六祖圓與殺業爲生的獵人生活期間，可能做出有違出家人戒律之事（雖然他當時不是出家人）。文中有幾處地方的文句，筆者認爲可能有誤，可能是編者誤植或將其它文獻增添而入時，未能察覺是否契合法要？

本書並不是著眼於考據經文，評定眞僞。六祖壇經是惠能大師行法之時，對學人、大衆開示之語錄，也是開啓輝煌禪宗史的大門，筆者不敢說對壇經體悟多深，只是有些看法未見於諸大德之作中，故而希望能將此淺見提出，祈對喜好壇經者有所助益。

六祖壇經坊間的翻譯、注疏本衆多，故而本書不做全文翻譯或注解經文上著力，只引用一部份經文篇章，再輔以禪宗公案範例來提出筆者之淺見，若有立意粗淺或不合要義之處，敬請見諒！

文以流通本爲範本，每品中針對六祖所開示之語句，條列及陳述筆者的看法。

目錄

行由品第一

一、何時頓悟

六祖在行由品中有三處提到他契悟的過程，第一次是在嶺南家鄉時，聞客頌金剛經：「惠能一聞經語，心即開悟」開悟後便往五祖之蘄州黃梅縣東禪寺去參。見到五祖後就回答五祖含有禪機的話語，「人雖有南北，佛性本無南北；獦獠身與和尚不同，佛性有何差別？」「惠能啟和尚，弟子自心常生智慧，不離自性，即是福田。未審和尚教作何務？」五祖的評語是「根性大利」，當然，有可能是五祖自言自語，沒有人知道。第二次五祖要大眾作偈，合意者便傳衣缽，惠能偈曰：「菩提本無樹，明鏡亦非臺，本來無一物，何處惹塵埃。」

《敦煌本》：

「菩提本無樹，明鏡亦無臺。佛性常清淨，何處染塵埃。」

又偈曰：

「心是菩提樹，身為明鏡臺。明鏡本清淨，何處染塵埃。」

敦煌本語句較樸拙，但看得出他已體悟到自性本體，五祖見了說未見性，壇經中所述，偏向五祖怕惠能受人迫害，而故意如此說，若這次就已經見性了，那麼第三次三更受法，爲說金剛經而大悟，又是悟到什麼？

在般若品第二：「善知識，我於忍和尚處，一聞言下便開悟，頓見真如本性。」這句話是否指出，他是在五祖爲其說金剛經時才徹悟？《金剛經》是一本經書，不太可能從頭唸到尾，壇經：「為說金剛經。至『應無所住而生其心』，惠能言下大悟，一切萬法，不離自性。」這句「至『應無所住而生其心』」會讓人以爲是說（唸）經文到這一句時，六祖於是大開頓悟。筆者認爲應該不是說（唸）經文至此句，禪宗大師們在接引學人時，會因學人所修功課來契入法要，再趁其執迷之處斷其知見，六祖是因金剛經而有悟，才至五祖處求印可，六祖不識字，只聽過金剛經，故用金剛經經文來啓發是合理的，舉一些例子來說明：

❍ 虛空講得

亮座主參馬祖，祖問：「聽說座主大講得經論，是否？」

師曰：「不敢。」

祖曰：「將甚麼講？」

師曰：「將心講。」

祖曰：「心如工伎兒，意如和伎者，爭解講得？」

師抗聲曰：「心既講不得，虛空莫講得麼？」

祖曰：「却是虛空講得。」

師不肯，便出，將下階，祖召曰：「座主！」

師回首，祖曰：「是什麼？」

師豁然大悟，曰：「某甲所講經論，將謂無人及得，今日被大師一問，平生功業，一時冰釋。」禮謝而退。**（註一）**

❍ 心內安石

雪竇辭去，藏門送之，問曰：「上座尋常說三界唯心，萬法唯識。」乃指庭下片石曰：「且道此石在心內?在心外?」

師曰：「在心內。」

藏曰：「行腳人著甚麼來由，安片石在心頭？」

師窘無以對，即放包依席下求決擇。

近一月餘，日呈見解，說道理。藏語之曰：「佛法不恁麼。」

師曰：「某甲詞窮理絕也。」

藏曰：「若論佛法，一切現成。」

師於言下大悟。（**註二**）

❍ 空具何相

一日淨慧問曰：「子於參請外看什麼經？」

師曰：「看華嚴經。」

淨慧曰：「總、別、同、異、成、壞六相，是何門攝屬？」

師對曰：「文在十地品中，據理則世出世間一切法皆具六相。」

曰：「空還具六相也無?」師懵然無對。

淨慧曰：「子卻問吾。」

師乃問曰：「空還具六相也無？」

淨慧曰：「空。」師於是開悟，踊躍禮謝。

淨慧曰：「子作麼生會？」

師曰：「空。」淨慧然之（註三）

這幾則是禪宗公案中的名句，學人都是在三藏十二部中，已浸淫許久，禪師藉經文中要義來詰問，學人們通常是只解文義卻不體文意，在惘然當下，禪師再施以指點，破其迷思，從而刹那得見。

六祖不識文字，在客店聽一客頌金剛經而得悟，後參五祖時說出佛性不分南北，時時不離自性福田，便是見性之人。只是見性有不同的層次，後代禪師，例如臨濟義玄分開四料簡：「有時奪人不奪境、有時奪境不奪人、有時人境俱奪、有時人境俱不奪。」（註四）或破三關：「初關破本參、破重關及破牢關。」從六祖回答五祖人雖分南北，佛性無南北之分。六祖此時應該破了「初關」或「奪境不奪人」。另外從「五祖更欲與語，且見徒眾總在左右」來判斷，在五祖時代，學人對見性之事及福德與功德之分不明。例如達摩見梁武帝只重福田，不明功德義；五祖要大家試著各作見性之偈時強調：「汝等終日只求福田，不求出離生死苦海」以及六祖得法後有數百人去追逐。可見當時五祖有不得言說之苦衷，才令六祖去隨眾作務。

第二次六祖是根據神秀偈中未見性部份而作修正，所以辭語相似，皆以菩提樹、明鏡、塵埃來作偈，六祖的偈已見「性空」，是破了「重關」或「人境俱奪」。最後一次只能從五祖為說金剛經，至「應無所住而生其心」而大悟，及悟後所說的「何期自性，本自清淨；

何期自性，本不生滅；何期自性，本自具足；何期自性，本無動搖；何期自性，能生萬法。」應是從「性空」到「空有不二」。

筆者做個假設，推論五祖要惠能至禪房，先以一般聖凡之對話來開頭，就如同惠能初謁五祖時，五祖先凡問「汝何方人，欲求何物？」惠能凡答「弟子是嶺南新州百姓，遠來禮師，惟求作佛，不求餘物。」五祖接著從其話頭中切入凡中有聖之問「汝是嶺南人，又是獦獠，若為堪作佛？」若惠能只是一般人，可能聽大師一說，會頓感羞慚或悔話說太滿，而不知如何回答？若是這樣，對話便到此爲止，眞的應該要去隨衆作務，把基礎打好了再來說吧！但惠能卻能聖答對機，雖然結果還是隨衆作務，那是爲了保護他而不得不也。話說回來，惠能進了五祖禪房，是否眞有袈裟遮圍？就不做討論，五祖應該還是先凡問開始，問他這些日子有何進展？六祖也應該直接進入聖答，例如「米熟久矣，猶欠篩在。」五祖也當再次試探幾句，見他是否眞的見性與否？然後舉惠能所作的偈問是何意？惠能答偈語意，五祖應會不許，然後以金剛經中語句詢問，就像是德山宣鑑被老婆子所問「過去心不可得，現在心不可得，未來心不可得。」之類的問題，例如問他：「什麼時候惹塵埃？若無過去、現在、未來，那眼前的你是跟那個時候的我在對話……？」這些詰問，惠能可能爲之語塞，因爲惠能雖見空性，但要如何用空性與人說法？如同仰山慧寂回答龐居士：「若用無情來說法，如何去接引學人？」惠能可能因此不知如何用空相來說法，正當惘措之時，五祖曰：「應無所住，而生其心。」讓惠能大徹大悟，不該一味的止息、止念，而應應衆生之境地，隨順運用善法，畢竟「若論佛法，一切現成。」禪宗公案中有一則和尚與禪師相互激盪禪機的對答，和尚問：「空中有一顆珠子，要怎麼拿下來？」禪師回說：「砍竹子，架梯子，到空中拿。」和尚問：「空中怎麼架梯子？」禪師回：「不然你打算怎麼拿？」這看似無厘頭的對答，隱含著很深的義理，自明自性如空中之明珠，無上下旁物所依侍著，無處下手要如何修得？禪師說法是依正法而修，和尚反問自性已無法可修，如何依法呢？禪師反問空中不能生妙法，那你要如何修得？

二、神秀的偈

「身是菩提樹，心如明鏡臺，時時勤拂拭，勿使惹塵埃。」

神秀（六〇六年—七〇六年），少時博覽經史，聰敏多聞，五十歲，至蘄州黃梅參謁五祖弘忍大師，並成為五祖首座弟子，有神秀上座的名聲。五祖圓寂後，神秀離開東山寺，隱密修行。第二年，也是惠能離開獵人隊至法性寺出家之時，至江陵當陽山玉泉寺，大開禪法，聲名遠揚為禪宗的北宗開創者。其教義傳遍西京長安、東京洛邑，並曾獲得武后、中宗、睿宗三帝之皈依，有「兩京法主、三帝門師」之尊號，高壽過百歲，謚大通禪師。

要理解神秀當時依其心智所作的偈，雖不得五祖認可，但也鼓勵「依此偈修。免墮惡道，依此偈修，有大利益。」至於五祖令門人炷香禮敬，盡誦此偈，「即得見性」。這番話是為了牽引根器較低的弟子，能向上增長，所給予的激勵之辭。從達摩傳四卷《楞伽經》

給二祖神光（慧可）到五祖之時，教內皆是以此經爲傳法之要。

唐道宣之《續高僧傳》：

「初達摩禪師以四卷楞伽，授可曰：『我觀漢地唯有此經解，仁者依之，自得度世。』」

（馬祖）一日謂眾曰：「汝等諸人，各信自心是佛，此心即是佛心。達摩大師從南天竺國來，躬至中華，傳上乘一心之法，令汝等開悟。又引《楞伽經》文，以印眾生心地，恐汝顛倒，不自信，此心之法各自有之。故《楞伽經》云：『佛語心為宗，無門為法門。』又云：『夫求法者應無所求，心外無別佛，佛外無別心。不取善、不捨惡，淨、穢兩邊俱不依怙，達罪性空，念念不可得，無自性故。』」**（註五）**

神秀是主張坐禪三昧，也是義學者，在講經方面造詣很深。神秀示寂時，中書令張說製其碑文，其中記述：「特奉《楞伽》，遞爲心要」之句。看出神秀視《楞伽》爲禪之心要。五祖時雖轉以《金剛經》爲主，但同時也兼用《楞伽經》。只不過在當時已變成名相。本經以大乘唯識、唯心的哲理，需具有飽學之士才有能力研讀本經，這可能是神秀能成爲首座教授師的原因。

以唐代法藏所撰作《入楞伽心玄義》，用十門分別註釋其要點，其中六門「所詮宗趣」，概括地記述《楞伽經》之內容，來作一簡單的介紹：

「第六所詮宗趣者，語之所表曰宗，宗之所歸曰趣。通辯此經宗趣有十：一、或說無宗，二、或唯妄想，三、或自覺聖智，四、或說一心，五、或開二諦，六、三無等義，七、或以四門法義，八、或以五門相對義，九、立破無礙，十、顯密自在。」

楞伽經的要點是以無爲宗；去妄想；內證自覺；一切存在唯心所現；分明眞俗二諦；境、行、果三法門；法、性、識、空；教義、理事、境行、比證、因果相對；破邪見外道、法執二乘、謬解菩薩；依衆生根器說顯說密。

以此經來理解神秀的偈，就不難看出，偈之要義是「去妄歸眞」，但此偈的歸眞是歸於那？他以身、心來喻爲「眞體」，是去了「妄」又著了「眞」。

六祖亦是以無爲宗，無念、無相、無住，三者同一；一有三相，就像一個圓球，必須要從三個角度才能見其全貌（人的視野約可見一四〇～一七〇度範圍）。神秀的境地與禪宗公案「清稅孤貧」相似：曹山和尚因僧問云：「清稅孤貧，乞師賑濟。」山云：「稅闍梨！」稅應諾。山曰：「青原白家酒，三盞喫了猶道未沾唇！」這位稅闍梨（教授師）認爲自己的修行已到心無罣礙、無煩無惱，斷盡一切妄想執著，他想請曹山和尚爲他印可，曹山和尚只喊了一聲他的法號，他就露出了「家財萬貫」。世間有二大財富，一爲名；一爲利，只要還執有名或捨不去一物，都是家（枷）累在身。曹山和尚知道他是很努力精進的修行，才會說喫了三盞的青原白家酒，青原白家酒可能是在那個時代，青原著名的釀酒家，比喻在這麼殊勝的頓悟法門中，努力這麼久這麼深，卻還無法入其法要，所以這句話是爲其惋惜。

再來比對機緣品中，六祖與懷讓的對話：

懷讓禪師，金州杜氏子也。初謁嵩山安國師，安發之曹溪參叩。讓至，禮拜，師曰：「甚處來？」

曰：「嵩山。」

師曰：「什麼物，怎麼來？」

曰：「說似一物即不中。」

師曰：「還可修證否？」

曰：「修證即不無，污染即不得。」

師曰：「只此不污染，諸佛之所護念；汝既如是，吾亦如是。」

神秀的偈：「身是菩提樹，心如明鏡台，時時勤拂拭，勿使惹塵埃。」五祖認爲此未見性，欲覓無上菩提，了不可得。可是懷讓說的「污染即不得」六祖不但認同還表示是「諸佛之所護念，汝既如是，吾亦如是」。爲何神秀的勿污染是未見性，而懷讓的就見性，且六祖也是如此護念？

神秀是一種斷除念頭的修行，要讓心中不起任何煩惱妄想，也不對境而起任何的善惡之心，以現代話語來說，就是設法讓腦波、心跳、呼吸不會因外境事物而有起起伏伏。六祖的勿污染，這裡先以一些形象化來描述，當自性因境而起時，生起了慈悲心，欲助化衆生而有激動、熱心、急切等等的「心念」，這心念要設法不受到「污染」而冷卻下來，自性一起，就會不自覺得想幫助他人，但隨之而來的「污染」可能會讓人忘了「初發心」，所以神秀修行的是，念頭上的心不會起雜念（如同木石一般），而六祖或見性之人，是不讓自性的作用有干擾而停滯（知見一切法，心不染著，是為無念。用即徧一切處，亦不著一切處；但淨本心，使六識出六門，於六塵中無染無雜，來去自由，通用無滯，即是般若三昧，自在解脫，名無念行。）因此，神秀勤拂拭的是念頭而不是自性。見性之人明白自性不生不滅，不用修治，但要讓其恆常有作用，若無作用依然無利於衆生，不依自性而作用，易受心識雜染而偏邪。有一個「巖喚主人」的公案：「瑞巖彥和尚，每日自喚主人公，復自應諾，乃云：『惺惺著！喏！他時異日莫受人瞞！喏！喏！』」瑞巖和尚每天自言自語的奇怪舉動，就是時時刻刻提醒自己，要讓自性能一直當家作主，提防自己莫受煩惱妄想給雜染了。那個時期有許多禪師皆是如此，像趙州和尚掃塵，提醒自己塵由外來，雖是一點點也要勤掃除。南泉普願禪師洗衣服，僧人問難道還有這個必要嗎？南泉抓起衣服說：「奈何這個！」名相難淨。大安禪師對眾說：「我這三十年來只看一頭牯牛，若落路入草，便把鼻孔拽轉來，才犯人苗稼，即鞭撻。」他三十年來的修行，只爲了防止妄念生起。祇林禪師更絕，瘋瘋癲癲十二年（註六）。再舉一個很有意思，又很直接了當的公案來總結：「興陽讓和尚因僧問：『大通智勝佛，十劫坐道場，佛法不現前，不得成佛道時如何？』讓曰：『其問甚諦當。』僧云：『既是坐道場，為甚麼不得成佛道？』讓曰：『為伊不成佛。』」（註七）這公案如果不明其意，是被「大通智勝佛」的佛號給迷惑住了，僧人用矛盾問法來提問，一尊佛住世，當有其一大事因緣，但是卻又無佛法來開示悟入，這樣祂如何完成祂的大事因緣呢？清讓和尚的回答很乾淨利落「爲伊不成佛」，換個說法：「若能依自性，衆生便是佛；不能依自性，佛也是衆生。」

神秀雖然也是勤拂拭勿使惹塵埃，但他是爲了身及心，而不知主人公在哪。見性的禪師們並沒有「止息止念」，因爲他們知道「西天胡子因甚無鬚？」（註八）無外塵所染，佛性長坐。

三、五祖的偈

「有情來下種，因地果還生；無情亦無種，無性亦無生。」

「對於有情含識的衆生，應播下成佛種子在他們八識心田中，使萌生覺悟的芽接續佛種；衆生因下種於識田因地中，當漸生覺芽而得果。至於像無情識的死物，無佛性便不能播種；既然了無佛性，自然亦不必期待出生佛果的希望。」

這段解釋在坊間常見到，前二句大致沒問題，但後二句若眞是五祖的原意，就太沒道理了。首先，有什麼人會對木石說法？（除了生公說法頑石點頭），若不是指木石而是暗指如木石般的人呢？就更沒道理了，佛說衆生皆有佛性，若有可捨棄的衆生，就有違佛之悲願，故這個解釋是不合於理的。

五祖作這個偈是最後給六祖的慈示，一般爲文論述會有一個固定的模式，尤其是長輩勸戒晚輩之文，必先明道理，再言做法，後剴切勸戒。例如諸葛亮戒子書：

「夫君子之行，靜以修身，儉以養德。非澹泊無以明志，非寧靜無以致遠。夫學須靜也，才須學也，非學無以廣才，非志無以成學。慆慢則不能勵精，險躁則不能冶性。

年與時馳，意與日去，遂成枯落，多不接世，悲守窮盧，將復何及！」（註九）

先明君子之行在寧靜致遠，再言學之要旨，後誡莫悔之不及！

五祖的偈，前二句是勉其將來，當在衆生「因地」種下成佛種子，後二句是告戒他衆生成佛之果與你無關，不可執之。大珠慧海在問答僧人時說：「今言無情者，無凡情，非無聖情也。」；「夫法雖無種性，應物俱現。」；「不起觀故，即是無生；以無生故，即一切色性空」情非執有之情，法是應衆生之緣境而現。所以要言語道斷，心行處滅，才能無生性空。故無情是無凡情；無種是無執有某法種；無性是性本空，不可觀其生。

若要更清楚這二句的意思，要從《金剛經》文義來理解。

須菩提！於意云何？如來於然燈佛所，有法得阿耨多羅三藐三菩提不？」「不也。世尊！如我解佛所說義，佛於然燈佛所，無有法得阿耨多羅三藐三菩提。」佛言：「如是！如是！須菩提！實無有法，如來得阿耨多羅三藐三菩提。須菩提！若有法如來得阿耨多羅三藐三菩提者，然燈佛即不與我授記：『汝於來世當得作佛，號釋迦牟尼。』以實無有法，得阿耨多羅三藐三菩提，是故然燈佛與我授記，作是言：『汝於來世，當得作佛，號釋迦牟尼。』（註十）

金剛經有幾段同上之語法，天台宗所立佛學術語，稱之爲「三諦觀」，就是「卽空、卽假、卽中」。佛陀說祂過去曾在然燈佛處受記得法，本來意思很簡單，就是曾經有發生過這麼一回事而已，但若說有，則會變成沒有，若說沒有反而變成有，因此，讓人摸不著頭緒，而關鍵是在「住相」與否？用另一段經文來解釋，佛說滅度一切衆生，實無一個衆生得度，（所以佛滅度一切衆生。）以現象界來看，佛是有要度盡一切衆生這件事，但是這些衆生却又不是佛所度的，爲何呢？因爲佛從初發心以來，生生世世往成佛的道路前進，同時也會有無數的衆生，跟隨著在累劫累世中與之結緣，共同成長學習，在佛將成佛之世，這些衆生也因緣具足，而成爲佛之弟子、眷屬、人天善信等等，聽佛說法而蒙受利益或就地解脫，因此，表象來看是佛的開示悟入而得度，實是衆生的累劫累世之福緣而有此機緣得度，明白這緣由就不會住相於自己的功德力，但也因爲衆生依自己累世之緣而聚集於佛前，佛也依自己所願而爲衆生說法，大家各自了了自己的因緣，完成各自的慧命，因此，以佛之大願爲中心，衆生得以得度。故說滅度一切衆生—是假相；實無一個衆生得度，因爲是空相；所以佛度盡一切（有緣）衆生—卽中。

因此得知，五祖的前二句是勉六祖當有所作，後二句衆生有衆生之機緣，非你之作爲而才有，是各個本自具足，故「有因地種，實無因地可種，故因地已種；指衆生見性，實無自性可見，故衆生見性；覺有情衆生，實無衆生可覺，故衆生覺有情。」

四、自性自度

……惠能云：「迷時師度，悟了自度；度名雖一，用處不同。惠能生在邊才，語音不正，蒙師付法！今已得悟，只合自性自度。」

……六祖惠能說：「迷的時候依靠老師的度化，悟了之後便能自己度化自己；雖然都是度，但用的方式不同。惠能出生成長在邊域之地，口音不正，蒙受老師托付衣法！今天我已悟道，只須依著自性來自度。」

這段就可以說明祖師禪的獨特性，六祖是一位不識字之人，卻能聽到經文而花開見性，禪宗是強調不立文字，直指人心，見性成佛。也就是讓人跳脫文字的束縛，或悟解文字的眞實含意，淸楚明白「指」、「月」之不同。六祖反對枯坐禪，所以六祖之後禪的本質，也從「禪定」轉變成「般若」，在這之前坐禪是修禪定的顯門。鳩摩羅什的《禪法要解》和覺賢的《達摩多羅禪經》，明確敍述了四禪的修證次第或九次第定，修證上有著明確的教理依循，依於戒、定、慧，按步就班的走向明心見性，讓心回到本來面目。圭峰宗密把禪分爲五類：「外道禪，凡夫禪、小乘禪、大乘禪和最上乘禪。」若頓悟自心，本來淸淨，元無煩惱，卽心卽佛，心佛畢竟無別，是最上乘禪，亦名如來淸淨禪。直到仰山慧寂禪師時，才把淸淨如來禪分爲「如來禪」與「祖師禪」二種不同的禪。

❍ 貧錐也無

師問香嚴：「師弟近日見處如何？」

嚴曰：「某甲卒說不得，乃有偈曰：『去年貧未是貧，今年貧始是貧；去年貧無卓錐之地，今年貧錐也無。』」

師曰：「汝只得如來禪，未得祖師禪。」（註十一）

如來禪是一層層的煩惱障礙給修證到清淨無染，最後通達到如來的清淨本體一般，強調義理的圓融與修證次第，正是如來禪的特色。

在仰山慧寂以前永嘉玄覺在他的《永嘉證道歌》說：「頓覺了如來禪，六度萬行體中圓，夢裡明明有六趣，覺後空空無大千。」他雖然提到是依如來禪之修證而悟，但是並沒有說明如來禪與祖師禪有何差別，他修行歷程是先精通天台止觀圓妙法門，後因看《維摩詰經》而發明心地。天台止觀是一種次第修行法，而《維摩詰經》中有維摩居士訶斥舍利弗枯坐禪，維摩詰居士與諸菩薩、聲聞弟子之間的對話機辯，因為聲聞弟子無法對上機鋒，以至於維摩詰生病，佛想派舍利弗等十大弟子和彌勒等四位菩薩前往慰問，但他們都表示難以勝任。永嘉大師也許是因此經中許多機辯而頓悟的。

六祖說迷時師度，「師」也可以是經典等修行法門，在不知方向時，確實有老師有經典可以依循，是比較容易向上成長，但要像永嘉大師這樣能進入門內，就不容易了，像長慶慧稜禪師：

❍ 用功大錯

一日，慧稜禪師告訴雪峰禪師：「坐破七個蒲團，不明此事。一日卷簾，忽然大悟。乃有頌曰：『也大差，也大差，卷起簾來見天下。有人問我解何宗，拈起拂子劈口打。』」（註十二）

他頓悟後才發覺過去二十多年來的修行，是用功大錯。

若從六祖壇經或禪宗公案來看，其實有許多禪師是先已經開悟了，到六祖處來是求印可的，除了永嘉玄覺，例如南嶽懷讓、青原行思、及石頭希遷等等，石頭希遷是到青原處印可，這些禪師都是熟稔經典，最後可能都是透過類似祖師禪法而開悟的，雖然史上記載不多，但可從這二位事蹟推敲出：永嘉因《維摩詰經》而悟，南嶽懷讓是在嵩山因慧安國師的「密作用」而悟。

坦然、懷讓二僧，問嵩嶽慧安國師：「如何是祖師西來意？」

師曰：「何不問自己意。」

曰：「如何是自己意？」

師曰：「當觀密作用。」

曰：「如何是密作用？」師以目開合示之，然於言下知歸，讓乃即謁曹溪。（註十三）

除了禪師們，在那個年代似乎連居士、官史還有平民百姓，開悟的也不少，在禪宗公案中就有許多老婆子大展機鋒的例子，最著名的是，德山宣鑑在路上遇到賣點心的老婆子，這位老婆子眞有個性，出題給德山，對不上就要他離開，連一個餅也不施予，後人猜這個老婆子可能是菩薩化身，絕不是一個普通人？這其實有什麼好猜，這位老婆子當然不是普通人，因爲她能一句話就難倒了「周金剛」，怎麼可能是普通人，她出的問題分明是見性之人，見性者就算現世不是菩薩，將來一定也成菩薩，所以還需要去猜嗎？另外還有偷「趙州笥」並打趙州和尚一掌的（註十四）；還有要自己女兒去抱供養三年的僧人，問他「正恁麼時如何？」（註十五）可能眞的很常見開悟的老婆子，所以才會有「趙州勘婆」的公案。

這些在民間開悟者，不可能都是經由嚴謹的如來禪修持而得悟的，所以祖師禪有其特殊的地方，六祖說：「今已得悟，只合自性自度。」爲何南禪或祖師禪，強調不由經典，因爲一旦開悟了，自己就知道自己要修治的點在那裡，已不需要經典或老師來指出，潙山靈祐說：「修與不修是兩頭語」。僧問洞山：「在冷天或熱天裏，我們要往何處避寒暑？」洞山答：「爲何不往不冷不熱之處？」僧又問：「那是何處？」洞山答：「那裏冷會凍死你，熱會烤死你。」德山宣鑑禪師生病時，有人問他：「是否有永遠不生病的人？」他回答：「有。」又問：「如何才是永遠不病的人？」德山回：「哎唷！哎唷！」見性之人自然會知道念頭、舉止是否有違？若有違就會感覺到比生病還痛苦。雖說不由經典，但不表示都不用參研經典了，因爲己達還要去達人，學人若受經所縛，就從經中去解，六祖說：要轉經而勿被經所轉。因此六祖說「自性自度」，相同於禪師對開悟者的唯一一句話「善自護持」。

五、五祖數日不上堂

……五祖歸，數日不上堂。眾疑詣問曰：「和尚少病少惱否？」

曰：「病即無，衣法已南矣。」

問：「誰人傳授？」

曰：「能者得之。」眾乃知焉。

五祖回去後，幾天過了都未上堂說法。大衆皆疑惑而去問：「和尚您是不是生病或有什麼事煩心？」五祖回：「生病是沒有，而是我的衣法已傳到南方去了。」衆人問：「是那一位得到您的傳授？」五祖回：「有能力者得到。」大衆這時才知道。

這一段是曹溪本的內容，舉出來是爲了探討五祖爲何傳法後數日不上堂？在佛經系統中，早期的經典例如《阿含經》或初期大乘經典《楞伽經》、《般若經》等等，跟後期的大乘經典中，所呈現的滿天佛菩薩，有很大不同，早期的偏向只有一佛及一位當機者爲主（佛弟子或菩薩）。後來出現的大乘經典雖是同時會有二佛以上及許多菩薩同在，但都有一個原則不變，就是以釋尊一佛爲主，其祂尊佛爲輔。因爲一個佛住世時期，是不能同時有二佛出世，不然佛所說法，衆生不知當歸依何處，佛便不獨尊，是故，唯有不二之佛，才有不二之法。

筆者在研究一貫道歷史時，也有發現類似的事情。

道光二年（一八二二），袁祖自雲南開道四川，次年，在成都設立西乾堂，以此為中心向各地開展道務。道光六年（一八二六），楊守一、徐吉南繼任第十三代祖，至道光八年（一八二八）了道歸西，袁十二祖復出視事，惟以年邁難於任事，交地任陳彬代理，三年後陳彬遭風考充軍，袁祖無奈復出掌盤，稱退安老人。道光十四年（一八三四），袁祖歸西。道光二十三年（一八四三），老母在湖北漢陽紫微壇設立雲城，以先天根基重派五行，彭依法、陳依精、安依成、林依秘、宋依道為內五行；李依微、余依元、朱依專、范依果、鄧依真為外五行；另取夏致溫、謝致良、黃致恭、張致儉、張致讓為五德。內五行總持壇事，外五行與五德為十地，分派各省傳道。至道光二十五年（一八四五）乙巳，火行陳依精、木行安依成，土行宋依道在湖北漢陽捨身了道，十地亦頂劫，道場岌岌可危。風雨飄搖之際，幸賴彭德源（依法）臨危受命，出掌道盤。彭水祖掌道，重建道場，制定條規，嚴立佛綱，數年之後，頹廢之道場，乃再度復甦。咸豐八年（一八五八）十二月，水祖歸西，金秘祖（林芳華）接續之。金秘祖才高心細，仗義輸財，以普渡為心，以收圓為念，先天道大宏開，蓬勃景象再現。同治十二年（一八七三）金秘祖歸西，歸前將道盤交付其義女林素玉及林素陽掌理，並曉諭西乾堂弟子嗣後「稱師不稱祖」，自此西乾道脈移轉。（一貫道文獻：道脈源流）

在後東方十二祖袁祖時（一貫道將其六十四代祖師，依時間空間分成前、後東方十八代祖及西方二十八代祖），他將祖位傳給楊守一、徐吉南二位（教內稱徐楊二祖），但約一年左右，這二位都被清廷所殺，袁祖只好復行視事，因年老而交給弟子代理，之後一直到他去世之前，都沒再指定十三或十四代祖，教內自行組織五行、五德及十地等代稱的負責人，又都一一遇難，可見他們是不畏死的發展其信仰，直到第三代時，交待往後只能稱師（傳道師）不能稱祖（祖師）。由這段歷史來看，袁十二祖已將祖位交予徐、楊二位，之後的祖位承嗣及傳教事宜，已跟他無關了。

論語先進篇中，孔子因顏回之死，表現出比前一年他兒子過世時，還要難過「噫！天喪予！天喪予！」這似乎也是說明，他與顏回不僅僅是一般師徒而已，恐怕是「吾道一以貫之」的心法傳人吧！五祖將衣缽交予了惠能，囑其次第爲六祖，故五祖的說法時代已終，再也無法可說，將來六祖要以何法度世，是六祖之事，與五祖無關了。五祖不只數日不上堂，可能到圓寂這三年，都不再說法了。

六、不思善，不思惡

……惠能辭違祖已，發足南行，兩月中間，至大庾嶺逐後數百人來，欲奪衣缽。一僧俗姓陳，名惠明，先是四品將軍，性行麤糙，極意參尋，為眾人先，趨及惠能。惠能擲下衣缽，隱草莽中。惠明至，提不動，乃喚云：「行者！行者！我為法來，不為衣來。」

……惠能辭別了五祖，快步往南去，約兩個月，有數百人追逐來到大庾嶺，要奪去五祖托付給他的衣缽。有一名俗姓陳的僧人，名叫惠明，出家前曾是四品將軍，個性粗魯急躁，很熱心的參與追逐，超越在衆人之前，快要追到惠能時。惠能將衣缽丟下，躲在草叢之中。惠明到時，想拿起衣缽卻拿不動，乃叫喚：大師！大師！我是爲了求法而來的，不是爲了此衣缽。

惠能遂出，坐盤石上。惠明作禮云：「望行者為我說法。」惠能曰：「汝既為法而來，可屏息諸緣，勿生一念，吾為汝說。」

惠能於是出來，盤腿坐在石頭上。惠明頂禮說：「希望大師爲我說法。」惠能說：「你既然是爲法而來，可以先把心念外緣去除，不要生起任何念頭，我再爲你說。」

明良久，惠能曰：「不思善，不思惡，正與麼時，那個是明上座本來面目？」惠明言下大悟。復問云：「上來密語密意外，還更有密意否？」惠能云：「與汝說者，即非密也。汝若返照，密在汝邊。」明曰：「惠明雖在黃梅，實未省自己面目，今蒙指示，如人飲水，冷暖自知。今行者，即惠明師也。」惠能曰：「汝若如是，吾與汝同師黃梅，善自護持。」

惠明定心很久，惠能說：「沒有善的念頭，沒有惡的念頭，這個時候，那一個是惠明您的本來面目？」惠明聽到惠能的話當下大悟。惠明又問：「從祖師傳下來的秘密話及秘密含意之外，還有更秘密的含意嗎？」惠明回答：「能跟你說的，就不是秘密，你如果反照自性，秘密就在你身邊。」惠明說：「惠明我雖然在黃梅祖師那修行多年，一直未能省察到自己本來面目，今天蒙受您的指點，就像人喝水一樣是冷是溫的，只有喝的人知道，今天大師您就是惠明我的老師。」惠能說：「你如果這樣想，你跟我都同是以黃梅爲老師好了，你自己要好好護持住見得之性。」

在敦煌本中並無這一段非常精彩的一幕，雖然六祖在大梵寺時是一語帶過去，但相信有許多人在之後，會因好奇而求教六祖：「當時惠明是如何開悟的？」可能六祖有說明那段過程，或者是惠明在傳化一方時對門人所說的。從溈山靈祐曾對雲居道膺說過：「不思善，不思惡」，或有一個老婆子用「正恁與麼時」來考驗僧人，說明這段公案當時是存在的，但像前面提到的「袈裟遮圍」，應該更吸引人才對，遮圍的用意爲何？可是卻不見於禪宗公案中。

這段有強調到惠明是個「性行麤糙，極意參尋的人」，這樣的人在五祖門下，應該不是才德出衆者，可是卻能立受六祖點化而開悟，這又說明了祖師禪的奧妙之處。

這一段先從敦煌版來描述當時情節：

……來至半路，盡總卻回。唯有一僧，姓陳名惠順，先是三品將軍，性行粗惡，直至嶺上，來趁把著，惠能即還法衣，又不肯取：「我故遠來求法，不要其衣。」能於嶺上，便傳法惠順。惠順得聞，言下心開。能使惠順即卻向北化人。

……來到半路，追逐的人大多放棄回頭了。唯有一個僧人姓陳名惠順，之前做過三品將軍，個性粗魯凶惡，一直追到大庾嶺上，一把抓住惠能，惠能馬上將衣缽交給他，給他他又不肯拿去卻說：「我從遠處追來是爲了求法，不是要衣缽。」惠能於是在大庾嶺上便傳法給惠順。惠順聽了，心就開悟。惠能要惠順向北方去度化衆生。

敦煌本是惠順不是惠明，惠順追到惠能時是一把抓住，要他交出衣缽，六祖就交給他，此時惠順的目的就達到了，可是，正就當六祖很乾脆的交出時，他當下才驚醒，這二個月來是怎麼回事？爲了五祖的衣缽？當時見大家追逐，他也覺得這宗門神器，怎可由一個不識字的人給「盜」走了，當時或心中不服，又或痴想這祖位而來，現在見著了，才清醒拿到手就是祖師了嗎？雖不服於惠能，但眞眞切切是五祖親授的。惠順此時見著了衣缽才清醒這是不屬於他的，只好轉念說是爲法而來。

再來接流通本，六祖要他先念頭放下，然後問他「不思善，不思惡，正與麼時，那個是明上座本來面目？」惠明當下體悟到那不可言說的本來面目。六祖啓發人的禪法一直是很樸實、平直，沒有像後來的禪師們那種深不可測，或機鋒險峻的禪法，可能也因此對質樸的人更易於直受。馬祖也曾以「卽心卽佛」來直言佛性，法眼文益用「流出慈悲喜捨」來描述自性的本來面目，如此親近的開示，本來就可以直來直受的，可是學問愈高，鑽研愈深的人反而是無法接近。

自性本無善惡，孟子則用「至善」來形容，至善不是一般善惡的善，他用四端來比喻，「惻隱之心」、「羞惡之心」、「辭讓之心」、「是非之心」。其中他用一個很生動的情境來解釋何謂「惻隱之心」，說一個小孩在井邊玩耍，看到的人內心不由自主的，會對這個小孩的安危感到擔心，不是因爲認識他家人或想獲得什麼名聲，這自然而發的是什麼呢？無任何面貌、形體，但卻是能流出慈悲喜捨。像是如果做了什麼「良心不安」的事，很自然的會臉紅、羞愧，不就是「冷會凍死你，熱會烤死你。」

就算未曾頓悟到本來面目，但常依自性作主，也會有不可思議的力量。端午節有一個習俗，家家戶戶會在門口掛上茱萸及艾草，這習俗是唐末黃巢之亂，老百姓四處逃亂時，在隊伍中，有一婦人背上背著一個「小」孩，手上牽著一個「小小」孩，黃巢見狀覺得不合常理，便把這婦人攔下，問她爲何如此？婦人哭答，手上牽的是自己親生的，背上背的是她的小叔，因爲連年動亂，公婆已不知是否健在，這小叔可能是公公家唯一的香火，我想我還年輕，若自己小孩保不住，我還可以再嫁再生，但小叔若沒了，公公家的香火就要斷了……。黃巢一聽，在這個時局，還有如此情義深重的人，在大受感動之餘，遂對這婦人說：妳不用逃了，回家去吧！只要在門上插上茱萸跟艾草當做記號，我們一見到絕不會去侵擾。婦人回去後果然照黃巢指示在門上插上此物，後來台州地方的人們也知道了，仿傚婦人也在門上插著，第二年，黃巢大軍又出動，當擄掠至台州時，見家家戶戶都有插著茱萸跟艾草，黃巢見狀，就下令繞過台州。這個故事說明，這位婦人依著「心安理得」來行事，雖做了「不合常理」的舉動，卻觸動了殺人不眨眼的黃巢良心，讓黃巢做了一個不合大盜作風的決定，間接地也使台州的百姓免於災禍。所以，眞的不能小看一個人的自性顯露，畢竟星星之火，也可以點亮萬家燈火。

六祖要惠明先「屏息諸緣，勿生一念。」這方法修行者都耳熟能詳，甚至熟於此道，昔日達摩對二祖說：「外息諸緣，內心無喘……」，大珠慧海說：「萬緣具絕者，卽一切法性空是也……」黃檗禪師說：「一念不起，卽十八界空……」。爲何過往循此道而未見自家面目，而在此時卻得見呢？過往修習還是眞的都放下了嗎？有一信衆來見趙州和尚，見到和尚說我兩手空空而來，趙州說：「放下吧！」信衆說我什麼也沒帶，要放下什麼？趙州說：「那就帶著吧！」就如同六祖對印宗法師說不論禪定解脫，因爲修行者是帶著解脫修禪定。

惠明當下雖契悟了本來面目，可是他還是有疑，會不會還有更秘密的？他確信頓悟的是從上以來不可言說的「密語密意」，但好像太簡單了，沒有想像中的「金光閃閃」吧？

七、風動幡動

……值印宗法師，講涅槃經。因二僧論風幡義，一曰風動，一曰幡動，議論不已。惠能進曰：「不是風動，不是幡動，仁者心動。」

……正值印宗法師在講涅槃經。此時有二個僧人在風動幡動上辯論，一位說是風在動，另一個說是幡在動，二人各執己見議論不停，惠能走上前說：「不是風在動，不是幡在動，是二位大德的心在動。」

六祖離開獵人隊後，便來到印宗法師主化的法性寺，與大衆在聽法師宣講涅槃經時，應該是講到某個點時，正好風吹幡動，因而引起僧人禪論，雖不清楚講到經文何處，正好引發二僧禪論？另外從六祖回印宗法師所問，談及高貴德王菩薩之語，猜測可能是宣講到〈光明遍照高貴德王菩薩品〉，從這二僧所持論見，可能跟這段文有關。

如來涅槃。非有非無。非有為非無為。非有漏非無漏。非色非不色。非名非不名。非相非不相。非有非不有。非物非不物。非因非果。非待非不待。非明非闇非出非不出。非常非不常。非斷非不斷。非始非終。非過去非未來非現在。非陰非不陰。非入非不入。非界非不界。非十二因緣非不十二因緣。〈光明遍照高貴德王菩薩品第十之一〉（註十六）

這二位僧人跟《雜阿含經》中某段非常相似，經文內容大意如下：

一時，佛陀住在王舍城的竹林精舍，當時有許多的比丘匯聚在食堂中，他們針對天地及人生命的本質在作種種的辯論。當討論有關世間到底是常、還是無常的議題時，有人說「世間是常住的」、有的人則說「世間是無常的」，另有人說「世間既是有常、也是無常」，還有人說「世間既不是有常、也不是無常」。當議論到世間是有邊、還是無邊的議題時，有人說「世間有邊際」、有人說「世間沒有邊際」、另有的人說「世間既是有邊際、也是無邊際」，還有的人說「世間既非有邊際、也非無邊際」。當議論到關於命根和色身之間的議題時，有人說「命根就是色身」、也有些人說「命根、色身是相異的」。再來是討論如來死後會是如何的議題時，有人說「如來死後是實有」，有人說「如來死後是空無」，也有人說「如來死後既是有亦是無」，還有人說「如來死後非有亦非無」。

當時，世尊正在某處坐禪，祂以天耳聽聞諸比丘們議論這些法義。聽聞到以後，世尊就下座前往食堂，在大衆面前敷座而坐下來，然後故意問比丘們說：「你們諸比丘們聚集在這裡，在討論什麼事情呢？」諸比丘們就向佛陀回答他們在作那些種種的議論。佛陀就告訴比丘們說：「你們不要再繼續作這樣的議論了。爲什麼呢？你們作這樣議論的人，所說的都不是眞實的義理，這也對你們的修業沒有任何的益處，只有對非法的戲論有助益而已，而不是對清淨行有所助益。像這樣討論能夠得到的，既不是智慧也不是眞正的覺悟，更不是眞正的趣向涅槃解脫。你們比丘衆們應當要改爲如下所說的來論議才好，譬如我觀察某個法是苦聖諦、某個法是苦集聖諦、而某個法是苦滅聖諦，又某個法是苦滅道行聖諦。爲什麼我要這樣說呢？因爲像這樣的論議才是佛法的正義，才會對你們自己有所助益，也是佛法上的饒益、清淨行的饒益，這才是眞正的解脫智慧、才是眞正的覺悟，也才是眞正的趣向涅槃解脫。」

這段經文是指出，境界與修爲尚淺的學人，最好不要去探討太深奧或空玄的義理，因爲這樣會很容易固滯在文字語言上的知見，未來會很難跳出這深植已深的識見。佛陀要他們改以「觀」或諦察法義，在日常生活處處都「有法」可觀，例如：

師因入京，路逢官人，命喫飯。忽見驢鳴，官人召云：「頭陀。」師舉頭，官人却指驢，師却指官人。（**註十七**）

這則是百丈惟政的公案，引自傳燈錄，坊間另有其他版本，請參閱附錄。有一天惟政禪師因有事而入京城，路上遇到一位官員，官員請禪師吃飯，突然聽到驢子鳴叫，官員不經意的喊禪師一聲，惟政聽到自然而然的抬起頭看官員，官員手指著驢子，大概是說沒事，是驢子在叫啦！惟政禪師則指了官員。官員喊禪師手指驢，惟政諦察自己因人喊禪師就抬頭，還是有名相在；官員雖然巧合比了禪師是驢，驢是禪師，這未著形相的見地故，惟政禪師手指官員表示，你才是禪師。

在法性寺當衆人，包括印宗法師，聽這二位僧人在論義之時，六祖可能聽雙方各偏執一端，而衆人也覺有理，一時間斷不出高下，所以才從衆人之中出來，一語點破所有人的執念，先不論六祖的話語，這裡來探究這二僧的境地如何？

若論世間常與無常、有與非有、斷與非斷…都會落入一個主體及客體，像〈定慧品第四〉中的定慧爲本法，六祖就很強調這定慧不是分別的二體。禪宗公案中有個與定慧有關的例子：天皇道悟詣石頭希遷，問：「離卻定慧，以何法示人？」石頭說：「我這裡無奴婢，離個什麼？」石頭的回答就是要跳出主從二元的迷思。

一僧所說的風動，風可喻爲無形的業力流動，幡可喻爲已成的相，若論風動，示世間均是因業力所作，受業力所牽引，所以幡動與不動都根源於業力現前否，是故此僧云是風動，便是以業力爲主體，幡爲客體。另一僧則認爲，固然是業力有關，但幡爲何爲幡之相，皆自成也，若成木柱、石頭則風吹不動，所以是自成幡相，所以才遭惹風動，因此，幡相爲主體而業力爲客體。此二僧已有見山不是山的境界。涅槃經文是不落有無，若心有動念則執於一邊，非風動則著幡動，非幡動則著風動。此二僧尚不能空有相，因爲見風及幡都有在動，只能試著非其一卻落其二，無法圓滿空其二，加上各有角度觀照，所以才爭論不已。

六祖一句是仁者心動，直接點明，業力或成相皆是最初一念動而造下之因，念動則業、相已成，念斷則業、相俱泯。

什麼是業相？就是不執有業與相，用二則與二僧論風幡動義相似的公案來看：

❍ 落地去也

師曰：「去！石幢子被風吹折。」

僧問：「陀羅尼幢子作凡去，作聖去？」

師曰：「也不作凡，亦不作聖。」

曰：「畢竟作甚麼？」

師曰：「落地去也。」

❍ 羅漢水牯牛

一日，二人問師：「什麼處去來？」

師云：「禮拜五百尊者來。」

二人云：「五百頭水牯牛？尊者。」

師云：「為什麼作五百頭水牯牛去？」

山云：「蒼天！蒼天！」師呵呵大笑。

趙州說：「去吧！幡被風吹斷了。」僧人問：「這幡是作凡去，還是作聖去？」趙州回：「它不作凡也不作聖。」僧人問：「那它到底做什麼去？」趙州回：「它掉落到地了。」這公案可以明瞭因緣到了，應該向那轉因緣去就向那去，像幡斷掉了自然就掉落到地一樣，不須心念去思惟是凡還是聖，該凡去就凡去，該聖去就聖去。同樣的羅漢是聖者，當祂有願要迴向大乘時，祂自然於遊戲三昧之中，隨眾生因緣該以凡身得度，則化凡身；該以聖相得度，則化聖者。趙州問寒山與拾得二人，爲什麼五百羅漢作牛去了？寒山回「蒼天！」因爲祂們是依著自性而去的。

八、禪定解脫

……一眾駭然，印宗延至上席，徵詰奧義，見惠能言簡理當，不由文字。

宗云：「行者定非常人，久聞黃梅衣法南來，莫是行者否？」

惠能曰：「不敢！」

宗於是作禮，告請傳來衣缽，出示大眾。

宗復問曰：「黃梅付囑？如何指授？」

惠能曰：「指授即無，惟論見性，不論禪定解脫。」

宗曰：「何不論禪定解脫？」

謂曰：「為是二法，不是佛法，佛法是不二之法。」

宗又問：「如何是佛法不二之法？」

惠能曰：「法師講涅槃經，明佛性是佛法不二之法。如高貴德王菩薩白佛言：『犯四重禁，作五逆罪，及一闡提等，當斷善根佛性否？』佛言：『善根有二：一者常，二者無常；佛性非常非無常，是故不斷，名為不二。一者善，二者不善；佛性非善非不善，是名不二。』蘊之與界，凡夫見二，智者了達其性無二；無二之性，即是佛性。」

……大眾聽了驚訝不已，印宗法師迎請六祖至上席第一位，向六祖求問深奧的義理，六祖所說都很簡單明瞭，而且不是引經據典回覆。印宗說：「大師一定不是平常人，很久以前就聽說黃梅五祖衣法來到南方，莫非就是大師您？」六祖客氣的說：「不敢！不敢！」於是印宗向六祖行禮，請六祖將所傳衣缽拿出來給大眾看。印宗又問：「黃梅五祖在付囑衣法時，是怎樣的指點傳授呢？」六祖說：「若說指授是沒有，只有談論如何見性，也沒有討論禪定解脫之法。」印宗問：「爲什麼不談論禪定解脫之法呢？」六祖說：「因爲有爲是二法，二法不是佛法，佛法是不二之法。」印宗又問：「什麼是佛法不二之法？」六祖說：「法師您講涅槃經有說明，佛性是佛法的不二之法，譬如高貴德王菩薩對佛說：『若犯四重禁，做了五逆罪及一闡提人是否會斷善根佛性？』佛說：『善根有二種，一種是常，第二種是無常；佛性是非常又非無常，所以是不斷的，名爲不二。一者是善，另一者是不善，佛性非善亦非不善，是名爲不二。』五蘊及三界，一般人看到是二元，但智者通達其本性上並無二元之分，沒有二元之性，就是佛性。」

六祖離開獵人隊後，先到法性寺來，值印宗法師爲大衆說涅槃經，正好逢二位僧人在爭論風動幡動，在大家不知何者爲勝，六祖一時脫口而出仁者心動，語驚四座，印宗法師曾在黃梅處參學，也知道衣法被一位不識字的獦獠給得去，當時應該是驚動佛教界，雖沉寂了約五年，及前一年黃梅才圓寂，這祖位及衣缽之事，自然還是掛在許多人心上，六祖這超凡的一語，讓印宗法師直覺，此人可能就是那個人。印宗法師爲了確認是否如其所猜，先徵詰奧義，再請傳來衣缽出示大衆。在徵詰奧義時發現六祖言簡理當，不由文字。這裡「不由文字」並不是不發一語比手劃腳，而是不按經典文句來說明。佛法是相通的，隨意學經典詞句，通常都能合理解釋，但是並不表示聽者就能眞的明白，一般明白是因爲聽到經典詞句會感覺懂了，是因爲人們在長年的生活經驗下，會對一些辭句產生概念化的思惟，這思惟會影響我們對事物眞理的剖析，所以聽了並不一定眞懂，由這句「不由文字」可以明白，六祖是句句直指人心，見性成佛。

印宗法師確認了六祖身份後，接著問所有人都好奇及企盼的問題，黃梅五祖有沒有付囑什麼密語密意？當下對所有修行者而言，這一刻可能會見證到一生所冀求的答案。結果六祖卻回沒有什麼密語密意，只論「見性」之法，這句「見性」之法本該是最重要的重點，六祖一個不識字之徒，在五祖處只參學了八月餘，却能速得五祖之衣缽，一定是黃梅有什麼密語密意，才能讓六祖如此速達？衆人正引頸企盼之時，六祖又特別說了「不論禪定解脫」。結果印宗法師居然捨了本而去追問枝末之事！六祖爲什麼特別提「禪定解脫」，印宗法師也立刻被這句否定句給轉移注意力？可見六祖早已發覺學人們，對禪定解脫之法有所偏差，印宗法師也一定認同此一修行法，才是能解脫之修行法門，所以才會對六祖之言產生疑惑。

惠能的回答是在「爲」，也就是衆人想藉禪定來求解脫，所以有了生與滅的二法，生滅法是因諸行無常而來，涅槃經有言：「佛身二種。一者常。二者無常。無常者為欲度脫一切眾生方便示現。」所以求解脫而修禪定，是對未能定者之方便之法，對已能定者（不受外境而起煩惱妄想者），就不能再有所有求，因爲這個有所求還是妄想。來看大珠慧海的解釋：

問：「云何為禪？云何為定？」

答：「妄念不生為禪，坐見本性為定。」

慧海的坐禪不是枯坐不動，而是無有妄念使本性不能定，所以坐禪法要是使心念不生，自性能安住。再來看六祖舉涅槃經高貴德王品的解釋，經文摘錄於下：

光明遍照高貴德王菩薩摩訶薩白佛言。世尊。若犯重禁謗方等經作五逆罪一闡提等有佛性者。是等云何復墮地獄。世尊。若使是等有佛性者。云何復言無常樂我淨。世尊。若斷善根名一闡提者。斷善根時所有佛性云何不斷。佛性若斷云何復言常樂我淨。如其不斷何故名為一闡提耶。世尊。犯四重禁名為不定。謗方等經作五逆罪及一闡提悉名不定。如是等輩若決定者。云何得成阿耨多羅三藐三菩提。得須陀洹乃至辟支佛亦名不定。若須陀洹至辟支佛是決定者。亦不應成阿耨多羅三藐三菩提。世尊。若犯四重不決定者。須陀洹乃至辟支佛亦不決定。如是不定諸佛如來亦復不定。若佛不定。

涅槃體性亦復不定。至一切法亦復不定。云何不定。若一闡提除一闡提則成佛道。諸佛如來亦應如是。入涅槃已。亦應還出不入涅槃。若如是者涅槃之性則為不定。不決定故當知無有常樂我淨。云何說言一闡提等當得涅槃。

爾時世尊告光明遍照高貴德王菩薩摩訶薩言。善哉善哉。善男子。為欲利益無量眾生令得安樂。憐愍慈念諸世間故。為欲增長發菩提心諸菩薩故。作如是問。善男子。汝已親近過去無量諸佛世尊。於諸佛所種諸善根。久已成就菩提功德。降伏眾魔令其退散。已教無量無邊眾生。悉令得至阿耨多羅三藐三菩提。久已通達諸佛如來所有甚深祕密之藏。已問過去無量無邊恒河沙等諸佛世尊如是甚深微密之義。我都不見一切世間。若人若天沙門婆羅門若魔若梵。有能諮問如來是義。今當誠心諦聽諦聽。吾當為汝分別演說。善男子。一闡提者亦不決定。若決定者是一闡提終不能得阿耨多羅三藐三菩提。以不決定是故能得。如汝所言佛性不斷。云何一闡提斷善根者。善男子。善根有二種。一者內。二者外。佛性非內非外。以是義故佛性不斷。復有二種。一者有漏。二者無漏。佛性非有漏非無漏。是故不斷。復有二種。一者常。二者無常。佛性非常非無常。是故不斷。若是斷者則應還得。若不還得則名不斷。若斷已得名一闡提

（註十八）

這段經文及六祖回答印宗法師的意思，這裡用簡單的概念來說明：不管是犯四重禁、作五逆罪、斷善根的一闡提及成就須陀洹乃至辟支佛果者皆是「不定」，也就是他們「此時」的業識境或境地，未來還是會有變化的，所以此時斷善根是此時因業力因緣所俱現，與佛

性無關，因此善與不善是當下爲與不爲，其它漏與不漏、常與無常都是因應個人障礙而有不同的修行法，爲的是能恢復原本的佛性，所以佛性本自具足，與當下的善、惡、常、無常、漏、不漏無關。同樣的成就聲聞、辟支佛也不代表不會再增上成就，就算究竟成佛了，也不是到達終點而有「定」（型）了，也許因衆生之緣永住於佛國淨土中說法（這是大家所想要的），但也許轉世至四生六道去，隨衆生流浪生死（這是大家不能看破的）。正因爲不定，所以不斷，來往自如所以「如來」，若明佛性，就不會執有一法，故名不二之法。

衆生爲什麼會擔憂佛入涅槃，除了認爲入涅槃是滅斷了一切，也反應出衆生也擔憂，自己將來是否也都不存在了？涅槃經這一段，佛開示佛不曾有滅斷，在無始劫前就已不斷的隨衆生因緣而轉法輪，現在如此，將來亦是如此。從佛常以不可思議的譬喻算數來說明，祂是在多麼久遠劫以前，就已不斷涅槃，可以從這裡讓我們省思到人心欲念是多麼的橫溢。佛經上常有佛以世界化成塵土或墨汁，經過多遠的佛土世界，掉落一塵土或點上一滴墨，然後每一滴或一塵土表示一劫時間，來形容無法計數的時間長度，這種描述法只有「劫」，是唯一可計數的時間單位，一劫大約是一千六百多萬年，所以是以此爲基本單位，總數是多久呢？非常吊詭的是，剎那一世界剎那也可以是一佛土，所以到底有多久，已不是重點了。像買樂透一樣，數學可以精算出中獎機率有多少，也可以譬喻比被雷打到還要低，眞的很難嗎？有人說雖然機率只有幾億分之一，但跟不買的人來比，卻是無限大的機率，這二種譬喻不太能接近人們的感受，說是無限大的機率，有人買了許多年，從沒一次無限大屬於他；說是比被雷打中還要低，可是每年都會有數位中獎人，每隔幾年才會聽說有人被雷打到，所以感受與數學不相符合，這裡要點出的是，數學是精準的工具，會有這種感覺，是因爲人的貪念實在太大了，在分母不變的情況下，貪念把分子放大了，所以中獎率大於被雷擊；慾壑太深了，所以無限大也成無限小。貪念慾望若能放下或看淡，是不是剎那間就成富裕之人呢！

般若品第二

一、何名「摩訶」

……何名摩訶？摩訶是大。心量廣大，猶如虛空，無有邊畔，亦無方圓大小，亦非青黃赤白，亦無上下長短，亦無瞋無喜，無是無非，無善無惡，無有頭尾。諸佛剎土，盡同虛空。世人妙性本空，無有一法可得；自性真空，亦復如是。

善知識，莫聞吾說空，便即著空。第一莫著空，若空心靜坐，即著無記空。善知識，世界虛空，能含萬物色像。日月星宿，山河大地、泉源溪澗、草木叢林、惡人善人、惡法善法、天堂地獄、一切大海、須彌諸山、總在空中；世人性空，亦復如是。

善知識，自性能含萬法是大，萬法在諸人性中。若見一切人惡之與善，盡皆不取不捨，亦不染著，心如虛空名之為大，故曰摩訶。善知識，迷人口說，智者心行，又有迷人，空心靜坐，百無所思，自稱為大；此一輩人，不可與語，為邪見故。

……什麼是摩訶？摩訶是大的意思。像心量廣大，如同虛空一樣，無邊無際，也沒有方圓大小的形狀，青黃赤白這些顏色，上下長短的單位，瞋怒喜愛的情緒，是非善惡、頭尾的分別對待。諸佛所居佛土，都是如同在虛空中一樣。世人的妙自性本來是空，沒有一法可以得到，自性是眞實空性，亦是如此。大德們，不要聽到我說空，就著了空相。第一點不要著了空相，如果只想讓心空下來靜靜的坐著，是著了無記空。大德們，世界是虛空，所以能含有萬物萬象。日月星晨，山河大地，泉水溪流，草木森林，惡人善人，惡法善法，天堂與地獄，一切大海，須彌山等等，都是在虛空之中；世人本性是空，也是如此。大德們，自性能生萬法，所以是大，萬法在各位的自性中，如果應用在所有人身上，不管是惡還是善，都要不取與不捨，也不要沾染著心，心像虛空所以能成大，因此叫做摩訶。大德們，迷昧的人只會嘴巴說，有智慧的人則是用心去做，又有些迷昧的人，想讓心放空靜坐著，不起任何念頭，然後自稱這是大；這些人不可能，跟他們談論，因爲他們邪見太深。

「摩訶般若波羅蜜」這句話對譯經師們是屬於不可譯語，直譯會易使人障礙在字面上的文義，六祖爲大衆解說這幾個字的「含意」，就可知其「涵意」，不是那麼容易理解的。摩訶是大的含意，但若直說大，會有空間、事物、成就、地位等等的比較，會只有神聖、善、好等概念，不會有低下、惡、不好的情境。六祖解釋方式是分成二個極端的層次，先是「無」邊、大小、顏色、上下空間、是非、善惡、頭尾等想像得到的事物，乃至佛土、自性、佛法等不可思議者。然後在一切皆無之後，強調不可著空相，然後說「有」萬物、顏色、日月星宿、山河大地、善惡、諸法及一切尺度極大的不可思議境界國土。利用這種反差極大的說法，讓人無法執著於一處。

這裡舉個例子來先解釋「無記空」：有一個瓶子，裡面空的沒有裝任何東西，若說它是空的，對也不對，因爲它裡面正因爲空，所以才「有」空間可以裝進東西，所以若想倒東西出來時，它是「空」；若想倒東西進去，它便是「有」，換之，若裡面裝滿水，一滴水也倒不進去，則這個瓶子是滿也是空，因爲它「無」任何空間可以再容納東西，若想倒水出來，它是「有」；若想倒水進去，它便是「無」，端看「作用」如何來決定。《永嘉證道歌》：「無記者雖不緣善惡等事，然俱非真心，但是昏住。」所以不能執守於有無善惡，亦不能執空於有無善惡。

再來看六祖這種前後反差的說法，是一種利用「有」來突顯「無」，就好像聽人介紹某人時，說他是一個心胸寬大之人，我們聽了，會單純以爲這可能是恭維話或是眞有一點肚量吧！但若提一些他曾遭遇到的實事，及他是如何以不可思議、令人瞠目結舌的應對態度來言說，就能讓聽者驟起肅然起敬之心及深刻了解到，他是怎樣的心胸寬大，這便是用「有」來突顯其「大」。六祖用一切不可思議的相，來突顯摩訶的廣大。這裡摩訶是用來形容「般若」的運用能力，是怎樣的般若，請看下一章節。

二、何名「般若」

……善知識，一切般若智，皆從自性而生，不從外入，莫錯用意，名為真性自用。一真一切真。心量大事，不從小道。口莫終日說空，心中不修此行；恰似凡人，自稱國王，終不可得，非吾弟子。

善知識，何名「般若」？般若者，唐言智慧也。一切處所，一切時中，念念不愚，常行智慧，即是般若行。一念愚，即般若絕；一念智，即般若生。世人愚迷，不見般若；口說般若，心中常愚。常自言我修般若，念念說空，不識真空。般若無形相，智慧心即是。若作如是解，即名般若智。

善知識！一切般若智慧，都是從自性而生，並非從外而來，不要誤會此意，也就是眞自性眞自用。這一點眞了，則樣樣做出來的都是眞的。心量是廣大的事情，是不走近路的。不要整天說我要空，而心裡不修此般若行。就像普通老百姓，自封自己是國王一樣。這種人始終是得不到般若的，也不是我教的徒弟。

大德們，什麼是「般若」？在我大唐國的話叫做智慧。在所有的地方，任何時候，念念明瞭不迷昧，常用智慧應對，這就是修智慧行門。你若一念愚癡，般若就斷絕。一念是出於智慧，卽是般若生。世人愚昧迷惑，不顯現出般若，只會用口說要般若，但心中卻是愚昧的。常常說我在修般若，天天都說要空，而不明白眞空妙有的道理。般若是沒有形相，智慧心也是一樣。你若是能有這樣的見解，這就是般若智。

這裡的般若，是屬於動詞，六祖指出在一切的處所、時間要念念、常行之，卽是般若行，且此般若是從自性生起，與外在的知識、經驗無關，雖然解釋的很淸楚，但對一般人來說還是很抽象，不好掌握其中含意，試舉個例子來說明，先從前一段釋摩訶中的：「盡皆不取不捨亦不染著」的「不取不捨」來理解，會比較容易體會，這句話可以有四個變化，卽：「要取不捨；要取要捨；不取要捨及不取不捨。」例如有一個衣櫃裝滿衣服，但人們常會覺得衣櫃中總是少一件衣服，於是逛街時看到有喜愛的衣物，便會買回家，此人若是屬於「要取不捨」，會苦於衣櫃沒有空間可放；此人若是屬於「要取要捨」，衣櫃內放進新的衣服，然後把舊的衣服給丟棄（或回收送人），如此衣櫃永遠有空間，但傷腦筋的是荷包失血；若是「不取要捨」衣櫃就會空了許多，但是當需要合適衣裝時，會煩惱沒有可穿搭的好出門；最後是「不取不捨」就知足常樂，少煩惱，這個例子只是先帶出，有取、捨便會生出煩惱。再進一步舉例解釋「不取不捨」，若有人說：「家雖斗室，但藏書萬冊。」常人一聽，怎麼可能，這萬冊書要放在那裡？其實書是放在圖書館裡，有需要時才借回來，閱畢歸還，這就是不取不捨，因爲「取捨」是自己之物，才有所謂取捨，圖書館的萬冊書，不是屬於個人的，所以沒有取也沒有捨，需要時才借用，用畢就回到原處。萬法也是一樣，若有想取捨，便著了「有」，一旦有，就生煩惱，就像前例前三個取捨之間，必生煩惱，唯有不取不捨，才能自在應用萬法，在需要時，借用法而不執有法，境過之後，便清淨無染。從不取不捨來體會傅大士的「空手把鋤頭，步行騎水牛；人從橋上過，橋流水不流。」空手卽不取於器物之「法」，雖無取但不捨於耕「鋤」；雖不取於是步行還是牛行，卻是不捨於「行」；人從橋上過，是依於正法，橋流表示不取「定法」，過了，法也不在了，水流喻煩惱障礙不停，唯有不取不捨，善用萬法，自令煩惱止息。

佛說衆生有八萬四千煩惱，佛法亦有八萬四千門。「法」沒有比煩惱多一個或少一個，這便是不取不捨的應用，亦稱之爲善法，若有取捨，便成爲惡法或不了義法。該借用何法，自性祂自有商量。

回過頭來看六祖的解釋，首先是：「一切般若智，皆從自性而生，不從外入，莫錯用意，名爲眞性自用。」這便是何謂般若的重點「自性而生」，如同巖頭全豁對雪峰義存說：「他後若欲播揚大教，一一從自己胸襟流出，將來與我蓋天蓋地去。」若能自性自用，自然一切的般若智慧皆從胸襟流出，在「一切處所，一切時中，念念不愚。」若不是從自性流出，且片刻有離，卽是般若絕，反之，則般若生，世人會以爲識心是般若智，口中說是、說修、說空，因爲迷於識心作主，而不知自性本無形相，故不知般若亦無形相，唯有見性才是般若智。

三、摩訶般若波羅蜜

綜合前述，波羅蜜雖意爲到彼岸，但若直翻則易生「此岸」及「彼岸」的對待心。百丈禪師有一則野狐禪公案，可以做爲一個很好的註解：

❍ 百丈野狐

百丈每至陞座，常有一老人聽法。一日眾去，老人獨留。丈云：「汝是何人？」

老人云：「某非人，然某緣五百生前迦葉佛時曾住此山，錯答學人一轉語，所以五百世墮野狐身，今欲舉此話，請和尚為答。」

丈云：「汝試舉看。」

老人云：「大修行底人還落因果也無，某對云不落因果。」

丈云：「汝問，我與汝道。」

老人遂問：「大修行底人還落因果也無？」

丈云：「不昧因果。」老人遂悟，得脫野狐身化去。（註十九）

舉這個公案是對應諸部佛經都已有明言，可是修行者還是困惑在聖境上，波羅蜜也是，認爲是從一個凡地進入到一個聖地，從一個有輪迴的世界進到另一個永脫生死的世界，從一個受業的地方進入另一個不受業的地方……。這些以爲的，幻想的，高貴清淨的，極樂的世界，其實都是「騙人」的，是不存在的，爲什麼呢？《法華經》的〈火宅喻〉就很清楚的說明了，佛騙衆生有三車可以坐，出來後什麼車也沒有。佛說世人究竟成佛，世人也嚮往成佛，以爲成佛後可永享涅槃境界，可是《涅槃經》裡頭有說到：「我又示現閻浮提中生於四趣。然我久已斷諸趣因。以業因故墮於四趣。為度眾生故生是中。」佛並沒安住在什麼涅槃世界中，反而轉生於地獄，餓鬼，畜生，阿修羅之四惡趣身，所以百丈回是不昧因果，也就是說大修行人還是有生死輪迴的，不同的是在生死輪迴中，不會迷失其心，什麼心？救度衆生的心。因此那位野狐身的老人家，如果當年人家問他的不是「大修行人」落不落因果，他回答就沒有錯，而且一定要回答是「不落因果」，因爲你要「騙人」少造因果，「騙人」走向「大修行人」這條路來，等到成爲不退轉的大修行者時，才坦白的說沒有彼岸也沒有此岸，這時候通達的人，就明白已站在「波羅蜜」了。所以波羅蜜可能是在人間、四惡趣、諸天……，不管在那裡，都要運用那「摩訶般若」完成那不是悲願的悲願。

若見此處心還有疑，再來看六祖一開頭說的話：「善知識！世人終日口念般若，不識自性般若，猶如說食不飽。口但說空，萬劫不得見性，終無有益。」我們其實早已知道並沒有天堂、淨土、涅槃……。例如：當有人問淨土在那？我們隨口都說得出：「心淨則佛土淨，若心清淨，所在之處皆爲淨土。」這些話語都已表明了，但爲何又一直在緣求有形的淨土？所以六祖曰：「猶如說食不飽」心裡不肯去踏實。

諸佛隨宜說法，意趣難解，應衆生故，開權顯實，顯於無而隱於有，故而佛曰：「我以無數方便種種因緣譬喻言辭演說諸法，是法非思量分別之所能解，唯有諸佛乃能知之。」(註廿)

四、金剛般若經

……善知識，我此法門從一般若生八萬四千智慧，何以故，為世人有八萬四千塵勞，若無塵勞，智慧常現不離自性，悟此法者即是無念，無憶無著不起誑妄，用自真如性，以智慧觀照，於一切法不取不捨，即是見性成佛道。善知識，若欲入甚深法界及般若三昧者，須修般若行持誦金剛般若經，即得見性。

大德們，我這個法門，從一種的般若而生出八萬四千的智慧。爲什麼要有八萬四千的智慧呢？因世人有八萬四千塵勞。若將塵勞變過來就是般若，則智慧現前就是不離自性的。你明白這種法，就是無所念，無所回憶也不著住，沒有起誑妄心了。用你自己的眞如自性，以智慧來觀照，在一切法不取不捨，這就是見性成佛道。大德們，要想入極深的法界及般若三昧的，須修行般若行及授持唱誦金剛般若經，即能夠見性。

當知此經功德無量無邊，經中分明讚歎，莫能具說，此法門是最上乘，為大智人說，為上根人說，小根小智人聞心生不信。

應當知道此金剛經功德是沒有數量和邊際。在經中說明讚歎金剛經的殊勝功德，是不能詳盡表達清楚的。此金剛經是最上乘的法門，是爲大智慧人說，是爲具上根性人說的。善根淺薄小智等人聽聞此經，心裡是不信的。

何以故，譬如天龍下雨於閻浮提，城邑聚落悉皆漂流如漂棗葉，若雨大海不增不減，若大乘人若最上乘人，聞說金剛經心開悟解，故知本性自有般若之智，自用智慧常觀照故不假文字，譬如雨水不從無有，元是龍能興致，令一切眾生一切草木有情無情悉皆蒙潤，百川眾流卻入大海合為一體，眾生本性般若之智亦復如是。

善知識，小根之人聞此頓教，猶如草木根性小者，若被大雨悉皆自倒不能增長，小根之人亦復如是，元有般若之智，與大智人更無差別，因何聞法不自開悟，緣邪見障重煩惱根深，猶如大雲覆蓋於日不得風吹日光不現，般若之智亦無大小，為一切眾生自心迷悟不同，迷心外見修行覓佛，未悟自性，即是小根，若開悟頓教，不執外修，但於自心常起正見，煩惱塵勞常不能染，即是見性。

善知識，內外不住去來自由，能除執心通達無礙，能修此行，與般若經本無差別。

爲什麼他不信呢？就像天龍在閻浮提降雨，因爲雨水多，城廓村落皆浸在大水裡，就像草葉漂流一樣。假設雨水落在大海裡，卻是不增不減。若是大乘人或最上乘人，聽到金剛經義便能知自性的般若智慧，自用自己智慧來觀照事物所以不是依靠經典文字來做。譬如雨水不是從無到有，它是龍在興化所生的，令一切衆生、草木、有情的或無情的都能蒙受澤潤，像百川雖各自流最後都能匯聚於大海之中合爲一體，所有衆生本性智慧也是一樣的。大德們，小根小智者就像小草似的，一下大雨反將其淹死了，因爲他不相信。人人本有的般若之智與大根性人一樣，爲何不能相信領悟呢？是因爲他邪見無明深重，煩惱如樹根般深植於心。就像太陽被烏雲所遮蓋著，風不吹散，故陽光就不出現。般若的智慧也沒有大小的分別，只因爲衆生身心迷惑或開悟才有所不同，迷失自心向外求法求佛，而不知有自性般若，就是小根性的人，若能聞頓教而卽刻開悟，不執著向外修得，在自己心裡常起正知正見，煩惱塵勞都不能干擾，這就是見性。大德們，你能內外不著，就能來去自由，能除去執著這個來去不住之心並通達無障礙，若能這樣修持，與金剛般若經所開示的一樣了。

六祖對金剛經的重視自不待言，這段文中點出大根性與小根性者，同時聞聽金剛經，爲何會有心開悟解與心生不信的差別？自性本無大小根性之分別，而是在邪見障重、煩惱根深的差別。六祖所說的這段話與金剛經所述相同：

> 佛告須菩提：「莫作是說。如來滅後，後五百歲，有持戒修福者，於此章句能生信心，以此為實，當知是人不於一佛二佛三四五佛而種善根，已於無量千萬佛所種諸善根，聞是章句，乃至一念生淨信者。」（上根人）（**註廿一**）

佛告須菩提：「如是！如是！若復有人，得聞是經，不驚、不怖、不畏，當知是人甚為希有。」（上根人）（註廿二）

「復次，須菩提！善男子、善女人，受持讀誦此經，若為人輕賤，是人先世罪業，應墮惡道，以今世人輕賤故，先世罪業則為消滅，當得阿耨多羅三藐三菩提。」（上根人）（註廿三）

雖然有人會不信，但六祖也強調：「若欲入甚深法界及般若三昧者，須修般若行持誦金剛般若經，即得見性。」縱然無法一時心開悟解，但只要肯持誦此經，便能罪業消滅，終究還是能得阿耨多羅三藐三菩提。

接下來對金剛經做一個粗淺的摘要：

六祖認爲本經的宗旨爲：「應無所住，而生其心。」江味農居士認爲是：「信心清淨，則生實相。」印順法師闡述此經宗要：「如佛爲須菩提說如此發心，直至究竟菩提，徹始徹終的歸宗於離相無住。……須知般若無住的現覺，即離相菩提的分證。」聖嚴法師指出全經要旨在：「心有所住，即離無上菩提之心；心能降伏，即是無上菩提之心。」星雲法師認爲：「無相布施，無我度生，無住生活，無得而修。」

金剛經開宗緣由爲須菩提讚歎：「希有！世尊！如來善護念諸菩薩，善付囑諸菩薩。」續問：「世尊！善男子、善女人，發阿耨多羅三藐三菩提心，應云何住？云何降伏其心？」須菩提體悟到世尊片刻不離「自性」的示導衆生，故而先讚頌世尊大慈大悲，後感衆生易受邪心障蔽，而不能片刻不離自性，故而請問自性如何安住？如何降伏讓自性不能作用的識心？

世尊首先以凡夫眾生與修行者最大的差別，在於眾生執著四相（我相、人相、眾生相、壽者相）修行者固然能去除人、我及眾生相，但心中隱隱還存有福德之念，縱然刻意不作此想，但內心深處依然相信，將來可免落地獄，享有人天福報，甚至能證聖位，不受後有的壽者相（謹以壽者相爲例）。故而常行布施等功德，爲有住相布施。

「須菩提！菩薩無住相布施，福德亦復如是不可思量。須菩提！菩薩但應如所教住。」**（註廿四）**

再以較量福德來比喻，凡有相之福德終究有盡，若能持受經偈，其福勝彼。

「須菩提！於意云何？若人滿三千大千世界七寶以用布施，是人所得福德，寧為多不？」

須菩提言：「甚多，世尊！何以故？是福德即非福德性，是故如來說福德多。」

「若復有人，於此經中受持，乃至四句偈等，為他人說，其福勝彼。何以故？須菩提！一切諸佛，及諸佛阿耨多羅三藐三菩提法，皆從此經出。」**（註廿五）**

爲何行了不可思議的布施、供養諸佛，其福比不上持受經偈？因爲持頌、爲人說，都能成就自己或使他人心開悟解，促使眾生邁向佛果，故而供養諸佛，其福雖不可思議，但遠遠比不上造就眾生成佛之功德（一切諸佛，及諸佛阿耨多羅三藐三菩提法，皆從此經出。）

雖然持受經偈其福勝彼，但是也不能執著佛所說的「法」：

爾時，世尊而說偈言：「若以色見我，以音聲求我，是人行邪道，不能見如來。」（註廿六）

如來常說的『汝等比丘，知我說法，如筏喻者，法尚應舍，何況非法。』其次經中許多「如來說○○，即非○○，是名○○」（請參閱前文—五祖之偈章），體悟到眾生、福德、三十二相、具足色身乃至阿耨多羅三藐三菩提皆是因緣聚合，緣起緣滅，若住其相則：「若以色見我，音聲求我，是人行邪道，不能見如來。」一切住相皆爲識心所作，「諸心皆爲非心，是名爲心。」當作「過去心不可得，現在心不可得，未來心不可得。」

最後「應云何住？」—「應無所住而生其心。」「云何降伏其心？」—「一切有爲法，如夢幻泡影，如露亦如電，應作如是觀。」

以上再對照摩訶般若波羅蜜：

「過去心不可得，現在心不可得，未來心不可得。」（不取不捨之般若）

「凡所有相，皆是虛妄。若見諸相非相，則見如來。」（自性波羅蜜）

「若以色見我，以音聲求我，是人行邪道，不能見如來。」（識心作主）

「一切有為法，如夢幻泡影，如露亦如電，應作如是觀。」（摩訶般若）

「應無所住，而生其心。」（般若）

總結爲：「摩訶般若波羅蜜」

五、無相頌

……聽吾頌日：

說通及心通，如日處虛空，唯傳見法性，出世破邪宗。
法即無頓漸，迷悟有遲疾，只此見性門，愚人不可悉。
說即雖萬般，合理還歸一，煩惱暗宅中，常須生慧日。
邪來煩惱至，正來煩惱除，邪正俱不用，清淨至無餘。
菩提本自性，起心即是妄，淨心在妄中，但正無三障。
世人若修道，一切盡不妨，常自見己過，與道即相當。
色類自有道，各不相妨惱，離道別覓道，終生不見道。
波波度一生，到頭還自懊，欲得見真道，行正即是道。
自若無道心，闇行不見道，若真修道人，不見世間過。
若見他人非，自非卻是左，他非我不非，我非自有過。
但自卻非心，打除煩惱破，憎愛不關心，長伸兩腳臥。
欲擬化他人，自須有方便，勿令彼有疑，即是自性現。
佛法在世間，不離世間覺，離世覓菩提，恰如求兔角。
正見名出世，邪見名世間，邪正盡打却，菩提性宛然。
此頌是頓教，亦名大法船，迷聞經累劫，悟則剎那間。

……聽我偈頌：「說法予人及自心都能通達者，如同大日在虛空中，因爲傳的是唯一見性之法，這法出世才能破除旁門左道。法本身沒有分是頓是漸，只因世人由迷轉悟有快慢不同，所以這見性法門，愚昧的人是不能知悉明白的。說法是可以有萬千法可說，但都是回歸到一個眞理，煩惱是藏在內心中，所以才須要用智慧。邪心妄起時煩惱便來，正心正念時煩惱就除去了，邪念或正念都放下了，自心就清淨無餘物。覺本是自性來覺，起心動念去覺便是妄念，淨化妄念中的心，導妄念爲正便無煩惱、因果業力、墮入苦報三障礙。世人如果有心修道，依一切法門都不妨，只要能常感受到自己是否有過錯，就與修正道相當。形形色色有形有相的法門各有各的道理在，各自也不會互相妨礙，但若離開正道而去外邊尋覓正道，終其一生是找不到正道的。奔波勞碌過一生，到頭來還是獨自懊惱，想要見眞道，只要行爲端正就是道。如果不是眞的有向道之心，就是背著良心在做是無法見眞道，如果是眞修道的人，是不見別人的過錯，如果有看見別人的是是非非，其實是你自己的是是非非。他有是非是他的事但自己不能有，我有是非則有錯過。只要能去除人有是非之心，就能打破去除煩惱障，憎惡與喜愛都與我無關，就像伸長腳無憂無慮的睡覺一樣。想要去度化他人，自己必須有方便法去度人，不讓人留有疑惑，就是讓他自性顯現了。一切佛法都在世間能取得應用的，覺悟也是不能離開世間的，離開世間去尋找覺悟，就好像想在兔子頭上去找角。正知正見又叫出離塵世法，邪見又名輪迴世間法，正見與邪見又都能除却掉，菩提自性就顯現出來了。這無相頌是頓教法，也叫做大法船，迷昧的人聽了要經劫累世的時光去悟，能悟的人則在刹那間得悟。」

六祖說法一向非常樸實，沒有設什麼機關陷阱，讓人去想破腦袋，雖說是樸實，但六祖也說「迷聞經累劫，悟則刹那間。」愈是簡單明瞭的，反而愈不容易想通。

❍ 有句無句

疎山到溈山便問：「承師有言：『有句、無句，如藤倚樹。』忽然樹倒藤枯，句歸何處？」溈山呵呵大笑。

疎云：「某甲四千里，賣布單來。和尚何得相弄？」

溈喚侍者：「取錢還這上座。」

遂囑云：「向後有獨眼龍，為子點破去在。」

後到明昭舉前話，昭云：「溈山可謂頭正尾正，只是不遇知音。」

疎復問：「樹倒藤枯，句歸何處？」

昭云：「更使溈山笑轉新。」疎於言下有省，乃云：「溈山元來笑裡有刀。」（註廿七）

這則公案筆者認爲，溈山大安禪師所設的疑句，是古往今來最大的陷阱，爲什麼呢？因爲它讓疏山匡仁禪師趕了四千里路，只爲了問這一句，也讓後代學人困惑許久。這比佛印禪師與蘇東坡的「一屁打過江」還要利害，也難怪大安禪師聽了會笑，他後來又請教明招德謙禪師時，德謙禪師說你又讓大安禪師再笑你一次，不過這一次他想通了，被笑二次還是有代價的。坊間看過有人認爲是句歸何處是歸於「如來藏」，筆者是不清楚爲什麼？因爲疑句不是已經清清楚楚、明明白白的表示了嗎？不管你是有言句還是沒有任何話，任何動作表示，都是像藤蔓纏樹一樣，結果還跑了四千里路，又開口言句來問，不是讓人覺得好笑嗎？還好問到第二次才想通了。

六祖的無相頌裡頭句句都無疑句，只看學人願不願意去接受，頌裡頭有二部份提出來分析。一是他說要常見己過及勿見他人是非，在第八品中他回答神會，見與不見時相同：見是見自己的過錯；不見是不見他人的是非好惡。跟前文擧的例子：洞山答：「那裏冷會凍死你，熱會烤死你。」及德山宣鑑回：「哎唷！哎唷！」是一樣的。但見自性，問心無愧卽是道。

第二是：「欲擬化他人，自須有方便，勿令彼有疑，卽是自性現。」這句話在後來的禪宗史，確實有許多已開悟者，不敢出來度化衆生，因爲有得大機卻無大用。

師上堂云：「汝等諸人，祇得大機，不得大用。」時九峰在衆，便抽身出去，師召之，九峰更不回顧。

師云：「此子，堪為法器。」

一日辭師云：「某甲，辭違和尚，千里之外，不離左右。」

師動容云：「善為。」（註廿八）

溈山靈祐禪師有一天對大衆說，你們這些人只得大機卻不得大用，當時只有一位九峰禪師出列掉頭就走，溈山禪師說只有他可以成爲法器，因爲九峰願意承擔示導衆生的使命。那個時代爲什麼願意出山的禪師不多？因爲度化衆生不是一件簡單的事，禪宗公案爲什麼留下這麼多形形色色，又非常怪異的話頭，其實每個話頭代表著禪師們，在因應學人根性、盲點時所當機而斷的作品，當潙山聽到翠微禪師說：「你每日喹（喫飯）箇甚麼。」而讚嘆：「不虛參見作家來。」（註廿九）禪師要能在剎那間斷人疑惑，使之立見本性，沒有過人的機鋒是辦不到的，禪師怕的是不能斷人疑惑反而斷人慧命，就罪過罪過了。因此在禪宗史上，這些禪師們努力在老師身邊不斷的磨練，也跟老師及師兄弟們相互激盪，見月則以月論「水清月自現」，見樹則論「枯者是榮者是」，趙州說：「老僧九十年前，見馬祖大師下八十餘員善知識，個個俱是作家，不似如今知識枝蔓上生枝蔓，大都是去聖遙遠，一代不如一代。」這也沒辦法，因爲學人見識愈來愈廣博，話頭也愈參愈細，先入爲主的疑惑也愈根深蒂固，禪師們把戲也愈變愈少，再也應付不了這些智識滔滔的學人。

決疑品第三

一、功德

……師又曰：「見性是功，平等是德；念念無滯，常見本性真實妙用，名為功德。內心謙下是功，外行於禮是德；自性建立萬法是功，心體離念是德；不離自性是功，應用無染是德；若覓功德法身，但依此作，是真功德。若修功德之人，心即不輕，常行普敬，心常輕人，吾我不斷，即自無功；自性虛妄不實，即自無德；為吾我自大，常輕一切故。善知識！念念無間是功，心行平直是德；自修性是功，自修身是德。善知識！功德須自性內見，不是布施供養之所求也。是以福德與功德別，武帝不識真理，非我祖師有過。」

……六祖又說：「見到自性是功，平等不二是德；念念之間無停滯，常能見到本性的眞實妙用，名爲功德。內心謙虛低下向外行出合於禮節是德；自性能建立萬法是功，心體萬法時能離念想是德；一切時中不離自性是功，應用之時不染於塵是德；如能如此去尋覓自性法身，並能去實踐是眞功德。若修功德之人，他的心卽不會有輕視態度，常常能去普敬一切衆生，心若常輕視於人，那我執便會不能斷除，便是無功；心若虛假妄念不實在，便是無德；是因爲我執傲慢自大，所以才會去輕視一切。大德們！功德必須要從自性去顯現，不是布施供養能求得的。所以福德與功德不同，梁武帝不明白眞理，不是我祖師有錯。」

文中「自性虛妄不實」應該有誤，敦煌版中無這句或相似的描述，錯誤原因的詳細說明，請閱後文〈懺悔品第六〉的「一體三身自性佛」內文。

這段六祖回答韋刺吏的疑問，跟金剛經中較量功德相似，因爲佛經中常勸人佈施造福報，而且隨著佈施的對象不同而有福力等差的果報，例如佛陀弟子阿那律尊者，過去曾佈施一缽飯而得九十一劫的無貧、如意報，現在東南亞的部派佛教，信衆還是有佈施予僧侶，可種下來世大福報，佛教傳到中國，這個觀念也深植在信衆心中，梁武帝如此，韋刺吏亦是如此，不過韋刺可能是對「實無功德」所表示的一點點都沒有，感到不解。六祖的回答是世人總把功德與福德混爲一談，這二者是不同屬性的層次。金剛經中也是，佛陀舉了許多不可思議的供養諸佛之事，以福力等差而言，是無法計數的福報，但與爲人說四句偈等，成就衆生成佛的功德來說，這二者是不同層次的屬性在比較，本來就是無意義的。

六祖對功德的解釋是舉了許多「組合」或稱「體用」，可以發現不同的組合，都是以自性爲主體、爲中心、爲內、爲依據，這就是「功」，然後對應自性而用、外行等等是爲「德」，所以德是他人看得到也感受得到，透過這德的感召而體察到自性顯現。例如我們去購物時，銷售員的親切態度、禮貌、謙恭，我們都知道是基於利益上的作爲。當我們遭受到危難時，對我們伸出援手的陌生人，可以感受到他們不是出於任何利益，而是自性上的良知良能。

在網路上曾看到有一群人，在熱鬧的路口做實驗，他們安排一位行動不利落的阿嬤過馬路，藉此看看都會區的人們，是否眞如大家所說的冷漠，不知進行幾回，結果大多次都會有人伸出援手，有的人已走到對面了，回過頭發現快要變紅燈了，而老人家還在馬路中間，於是快步跑回去，牽扶著、護著，安全到對街，也有人站在路口，與人講電話中，一發現老人家來不及過完馬路時，手機未掛，人快速迎上去把老人家扶過來。從影片可以清楚看到人性光輝的顯現。其實，人心冷漠到處都可見，但，人性暗淡是不會有的。

定慧品第四

一、定慧爲本

師示眾云：「善知識！我此法門，以定慧為本。大眾勿迷，言定慧別，定慧一體，不是二。定是慧體，慧是定用，即慧之時定在慧，即定之時慧在定，若識此義，即是定慧等學。諸學道人，莫言先定發慧，先慧發定，各別，作此見者，法有二相，口說善語，心中不善，空有定慧，定慧不等，若心口俱善，內外一如，定慧即等，自悟修行，不在於諍，若諍先後，即同迷人，不斷勝負，卻增我法，不離四相。善知識，定慧猶如何等，猶如燈光，有燈即光，無燈即暗，燈是光之體，光是燈之用，名雖有二，體本同一，此定慧法，亦復如是。」

六祖對大眾開示：「大德們！我這法門，是以定慧爲根本。大眾不要迷惑，而說定跟慧有分別，定慧是一體的，不是二元的。定是慧的本體，慧是定的作用，也就是有慧之時一定是有定的慧，有定之時一定是有慧的定，若能識得此義，便是定慧同等之學。各位學道之人，不要說先有定才能生出慧，或先有慧才能生出定的差別，有這種看法的，法便有二相，就像是嘴巴說好話，心中卻是不善一樣，空認爲有定慧，而定慧不能相等應用，如果是心口都是善，又能心口如一，定慧卽是相等應用，自己去領悟修行，不在於諍論功夫，如果去辯論有先有後，就是迷昧之人，不斷的去爭勝負，反增加了有爲法，不能離開四相。大德們！定慧像什麼呢？好像燈光一樣，有燈便有光，沒有燈便是暗，燈是光的本體，光是燈的作用，名字雖然有二字，但是本體是同一個，這個定慧法也是如此。」

這一品中，前後二段六祖提了二個法門之根本，「定慧」與「無住」，這一段他著重於強調定慧不是二元的，不是二個獨立個體的，也沒有先後順序的，是「體用」之相，好比說，我們照鏡子之時，看見鏡中自己的倒影，如果無倒影，就表示無鏡子的「作用」，鏡中若無自己的影像，就表示無本體存在，所以，影像是假相，但若無此假相的示現，就察覺不到本體的存在。我們都知道，鏡中的倒影是左右顛倒相，所以，只是與本體相像，但絕不是本體。

那六祖所說的定慧是何涵義呢？在第一品有提到不論禪定解脫義，禪定就是不因外相之境而內心散亂，在一切時中，若能不散亂，則所流露出的便是「慧」。這意思很簡單，只要察覺到內心有所不安、貪愛、恐懼、怠惰、煩惱、嗔恚……之時，所起的思惟就不是慧。因此，「定」當下的「念」是慧；慧的思惟時是處於定，定慧是同一的。六祖舉燈光例，當我們說點燈，並不是主體在燈而是光，爲何不直說「點光」，因爲人們習於著相，所以需藉燈相來點光，不著相者說點光時，可以是一張紙，一根薪材，衣物，甚至是頭髮，因爲明白要的是光不是燈。

六祖特別強調，不要因有定慧二字，而分爲二個主體並有先後順序，雖是如此，但很難讓人不去做分別，說沒先後之分，是不是像不能去探討，先有雞還是先有蛋的問題？這類哲學思辯只怕會讓人更加困惑，六祖雖舉了燈與光，但一定是先要有燈才能產生出光，如何能例證合於定慧的概念？我們可能要從另一個角度來思惟。在夜空中，一輪明月它是先有光還是先有月？這個問題看似簡單，如果天上無月怎會有月光，所以一定是先有月，但是如果夜空中看不到明月，是否就表示月亮不在空中？當然不是，因爲它與我們所在位置的角度關係，剛好沒反射太陽光，所以我們看不到，這時若說先有月後有光，那在夜空中月在那呢？是不是必須要有光才看得到月，因此，無光便沒月；沒月亦沒光。同理六祖舉的燈與光亦是如此，在暗室中，燈在那？一定是看到了燈光，也同時看到了燈。定慧只是自性的另一個代名詞，自性什麼時候才存在？祂一直都在，但爲何察覺不到呢？祂是圓還是方？如果經常是心安理得，任何事都無有虧欠時，就能察覺到祂的存在，有僧人問：「如何是眞正之道？」法眼文益回：「一願也教汝行，二願也教汝行。」若不依著自性的呼喚而行，就會心不安，所以自性人人都有，若不肯去行，祂就等於不存在一樣，肯行則在，這就是定慧等持。

禪宗公案：天皇道悟詣石頭希遷，問：「離卻定慧，以何法示人？」石頭說：「我這裡無奴婢，離個什麼？」因爲問「離卻」便是可分別，所以希遷禪師回「無奴婢」，只有一個主人在，是無法再分別的。如果再接著話頭問：「離卻奴婢，以何法示人？」就不一樣了，禪師可能以靜默良久來回應，暗示本體無動無靜也無物，但這樣也不是究竟。耽源應眞禪師將南陽慧忠國師所傳的九十七圓相圖，交給仰山慧寂禪師做爲次第傳承，仰山一閱後便一把火燒了，之後耽源提醒仰山，國師所傳要好好保管，仰山回已燒了，耽源問那以後的人怎麼辦？仰山說早已了然於心，有需要再寫一份就是了，隔日：

耽源上堂，師出眾作此○相，以手拓呈了，却叉手立。耽源以兩手相交作拳示之。師進前三步，作女人拜。耽源點頭，師便禮拜。

耽源禪師上堂時，仰山默默出列比了一個圓相，然後好像圓捧在雙手上，呈給耽源禪師，捧出去後就手叉腰站著。耽源禪師見狀就比了一個金剛法相回應仰山，這時仰山走上前作了一個女子禮拜相。耽源點頭認可，仰山便禮拜謝謝老師的認可。這公案看似複雜，兩人所演繹的是什麼？仰山比了一個自性，自性已現時要如何（手叉腰等耽源禪師回答）？耽源比自性如金剛如來，示意仰山又當如何？仰山上前表示要「行」，然後作女子（奴婢）拜，拜自家主人公。自性是家主人，家主人吩咐事情，奴婢必恭恭敬敬的去完成，這就是體用之意。故，離卻奴婢便是有體無用，六祖說：「定是慧體，慧是定用，卽慧之時定在慧，卽定之時慧在定。」所以不能有離卻定慧。

二、一行三昧

……師示眾云：「善知識！一行三昧者，於一切處，行、住、坐、臥，常行一直心是也。如淨名經云：『直心是道場，直心是淨土。』莫心行諂曲，口但說直，口說一行三昧，不行直心；但行直心，於一切法，勿有執著。迷人著法相，執一行三昧。直言『常坐不動，妄不起心，即是一行三昧。』作此解者，即同無情，卻是障道因緣。」

……六祖對大眾開示：「大德們！所謂一行三昧，是處在任何狀況，像行住坐臥時，都是做一直心便是了。像淨名經有說：『直心是道場，直心是淨土。』不要有狡詐諂言不正之心，嘴巴上說直，說一行三昧，但不是眞行直心；在行直心時，於所有法門上，不要有執著。迷昧的人會著法相，執著一行三昧。認爲說：『長時間坐著不動，不起妄想念頭，就是一行三昧。』把這當作是解答的，就跟無情之物一樣，反而是障礙悟道的因緣。」

師示眾云：「善知識！道須通流，何以卻滯？心不住法，道即通流；心若住法，名為自縛。若言常坐不動是，只如舍利弗宴坐林中，卻被維摩詰訶。善知識！又有人教坐，看心觀靜，不動不起，從此置功，迷人不會，便執成顛，如此者眾，如是相教，故知大錯。」

六祖對大眾開示：「大德們！道是一直不斷流佈通達的，爲何卻停滯呢？心如果不住於法，則道便是流通；心若是有住於法，便是自己綁住自己。若說要長時間坐著不動才是道，就會像舍利弗在林中坐著不動，而被維摩詰居士斥責。大德們！也有人教人坐禪，要他們向內觀心靜不靜，不起心動念，在這方面下功夫，迷昧的人不懂，便會執著它而成顛倒修行，這樣的人便是用形相來教導，是大錯特錯。」

先來了解「三昧」的意思，三昧又名三摩地，或譯三摩提，意譯爲等持、正心行處，意指專注於所緣境，而進入心不散亂的狀態，因此又可譯爲「止」、「定」、「禪定」。而「一行」之意在文中指「直心」，簡單來說就是從自性直出，專注於所緣境，不爲外塵或曠劫來的習染所散亂，與坐著不動是不可相比擬的。舉「女子出定」公案來說明：

「昔文殊至諸佛集處，值諸佛各還本所。唯有一女人，近彼佛座入於三昧。文殊乃白佛言：『何此女人得近佛座，而我不得？』佛告文殊：『汝但覺此女令從三昧起，汝自問之。』文殊遶女人三匝，鳴指一下，乃盡其神力而不能出。世尊云：『假使百千之文殊，出此女人定不得？下方經過四十二億恒河沙國有罔明菩薩，能出此女人定。』須臾罔明大士從地涌出，禮拜於佛。佛勅罔明出女人定，罔明卻至女人前鳴指一下，女人於是從定而立。」（註卅）

過去禪修者在參究此公案時，都以果位低下之罔明菩薩，卻能使女子出定之不合理處，視爲該公案要闡發的要旨。另外，七佛之師的文殊菩薩，因以男女相差別，欲令女子出定而不得，也是有其深意。筆者對此公案的看法如下：有一女子身（勿被形相所縛）在佛近處入定，這寓意於見性之人（近佛）入於一行三昧之中，一切諸佛菩薩及見性之人，都是專注於其大事因緣上，不爲外在塵勞所擾，念念不住在其緣境之中，如同法華經普門品所述：

無盡意菩薩白佛言。世尊。觀世音菩薩。云何遊此娑婆世界。云何而為眾生說法。方便之力。其事云何。佛告無盡意菩薩。善男子。若有國土眾生。應以佛身得度者。觀世音菩薩。即現佛身而為說法。應以辟支佛身得度者。即現辟支佛身而為說法。……應以居士身得度者。即現居士身而為說法。……應以長者居士宰官婆羅門婦女身得度者。

即現婦女身而為說法。應以童男童女身得度者。即現童男、童女身而為說法。(註卅一)

佛座前女子於自性一行三昧，文殊菩薩非其所度者，雖是七佛之師也不能攪其之定，誰能令其出定?除了佛(自性)，便是其於三昧中所欲度者，故而罔明菩薩(暗示向上修行者)是她所度之對象，故女子非女子，是緣於須以女子身得度，而現女子身。縱有百千文殊也不能使女子出定，因爲女子不是常坐不動，亦因百千文殊不在緣境中。菩薩爲何尋聲救苦，因爲祂一直入甚深三昧之中，於一切處，常行一直心是也。在行一直心下，而有千百億化身，因化身乃方便示現，故「若於一切處而不住相，於彼相中不生憎愛亦無取捨，不念利益成壞等事，安閒恬靜，虛融澹泊，此名一相三昧。」(付囑品第十)

三、無念爲宗

……善知識!我此法門，從上以來，「先立」無念為宗;無相為體;無住為本。無相者，於相而離相。無念者，於念而無念。無住者，人之本性，於世間善惡好醜，乃至冤之與親，言語觸刺欺爭之時，並將為空，不思酬害，念念之中，不思前境，若前念今念後念，念念相續不斷，名為繫縛。於諸法上，念念不住，即無縛也，此是以無住為本。

……大德們!我這法門，從祖師傳下來，都是立基於無念爲宗旨;無相爲本體;無住爲根本。所謂無相，是在有相之時不著於相。無念呢，是在有念之時不著於念。無住呢，是每個人的自性，在世間上的善與惡、好與醜及至於冤家或親人，在言語相衝突、刺激、欺侮、鬥爭的時候，將這些對待之感觸都化爲空，不去想如何對付、報復，在起念頭之際，不會去想前面所說之情境，若是之前念頭現在念頭及之後的念頭，一直想個不停，就是被束縛住了。在所有法門上，起的念頭沒有停滯住，便是沒有被束縛住，這便是以無住爲根本。

第一句話與敦煌本有幾字出入：

善知識！我自法門，從上已來，「頓漸皆立」無念為宗；無相為體；無住為本。（敦煌本）

流通本及曹溪本皆是「先立無念爲宗」，而敦煌本是「頓漸皆立無念爲宗」。各別所指的雖不同範圍，但意義其實差別不大。二句話指的範圍分別是：「我的法門，是歷代祖師，皆先立基於無念爲宗門宗旨」；「從佛傳佛法以來，無論是頓法或是漸法法門，都是立基於無念爲宗門宗旨。」第一句，是六祖專指他所開示給學人的法，是相襲自祖師們所立的宗旨。第二句，則是指各法門雖有不同的傳法方式，但其宗旨皆是相同的。

六祖跟大衆開示宗門之法，說是祖師代代傳承下來的，並無不同之處。這番說明自然是合理的，因爲有些弟子，對六祖一些開示的話會有疑惑，例如在頓漸品第八中，志徹問涅槃經中「常」與「無常」之意，六祖的回答讓他覺得大違經文。歷代祖師是否也是這樣不依經文來解釋呢？這一段跟論語中，子貢對孔子所說的「吾道一以貫之」感到困惑一樣，孔子對弟子或求問者的回答，相同的問題，答案卻都不一樣，對弟子而言，沒有標準答案是很難記住及套用的。體悟之人能明白，會有所不同是因衆生根器、執著而有所不同的說法。

「無念爲宗，無相爲體，無住爲本。」這三句話，有些人認爲是壇經的重點，甚至是總綱？怕是被「我此法門，從上以來」這句話給束縛住了！壇經從頭到尾是「唯論見性」；不論禪定解脫、不論法門……，只是因應學人根器，權以法門來論自性，不可倒果爲因。

無念不是同木石般的、不是同神秀的時時勤拂拭，也不是同臥輪禪師的能斷百思想；是對境心數起，是「念念相續不斷」。（文中：若前念今念後念，念念相續不斷，名爲繫縛。這句話恐有誤！對照敦煌本：前念念，後念念念，相續無有斷絕。若一念斷絕，法身即離色身。念念時中，於一切法上無住。一念若住，念念即住，名繫縛。）舉個例子：父母對子女的心，他們幾乎是所有心思在小孩身上，所念所思都是出於如何讓小孩好還要更好，他們的念念是相續不斷的，是出於自性（天性）上的慈愛，這份愛直到最後一口氣盡了爲止。有人也許會問，少數的父母會傷害自己的小孩，他們是否還有自性呢？這就是佛法存在的重要原因，人們在塵世之中，薰染了名韁利鎖，五蘊塵勞，貪嗔痴恚……從而生大苦惱心，五欲自恣，障蔽了自性靈光，認諸相爲實相，苦苦追求功名利祿，捨本逐末相互仇害，甚至自己的親人，因而生生世世流浪生死，無法出離。雖是如此仍未曾有失，只要能親近佛法（不是侷限於佛教法門），終能喚醒自性古佛。在〈護法品第九〉六祖曰：「實性者，處凡愚而不減，在賢聖而不增，住煩惱而不亂，居禪定而不寂，不斷不常，不來不去，不在中間，及其內外，不生不滅，性相如如，常住不遷。」

不管是平凡或愚苯的人，其「實性」是未有缺少的，同樣的不管是聖人或賢者，其「實性」也不會比別人多。所以佛法的功用，在於煩惱中識得煩惱爲假相，在禪定中不落無記空，世間塵勞化成出世之慧，行住坐臥一切時中，行本份事而不逾越，觀煩惱源頭而不執著其中，五蘊原非我、四大本來空，從無礙智發同體悲、行無緣慈，「於一切法上無住」導衆生歸於覺海。這就是佛法用來去枷鎖、解粘縛、正知住、勤加行。有一僧人問趙州和尚：「什麼是佛？」趙州回：「佛殿裡的。」僧人問：「佛殿裡的豈不是泥龕塑像嗎？」趙州回：「是的。」僧人再問：「那麼什麼是佛？」趙州回：「佛殿裡的。」趙州所回的，不是有形相的佛殿，指的是自性佛，祂一直安坐在自性佛殿中，僧人因爲一念住，住於世俗形相上的事物，所以他的佛殿是放泥龕塑像，而趙州的不是。

最後舉大珠慧海禪師與弟子的問答，就能更清楚明瞭：

問：「此頓悟門，以何為宗，以何為旨，以何為體，以何為用？」

答：「無念為宗，妄心不起為旨，以清淨為體，以智為用。」

問：「既言無念為宗，未審無念者無何念？」

答：「無念者，無邪念，非無正念。」

問：「云何為邪念？云何名正念？」

答：「念有念無，即名邪念；不念有無，即名正念。念善念惡，名為邪念；不念善惡，名為正念。乃至苦樂、生滅、取捨、怨親、憎愛，並名邪念；不念苦樂等，即名正念。」

問：「云何是正念？」

答：「正念者，唯念菩提。」

問：「菩提可得否？」

答：「菩提不可得。」

問：「既不可得，云何唯念菩提？」

答：「只如菩提，假立名字，實不可得，亦無前後得者。為不可得故，即無有念。只個無念，是名真念。菩提無所念，無所念者，即一切處無心，是無所念。只如上說如許種無念者，皆是隨事方便假立名字，皆同一體，無二無別。但知一切處無心，即是無念也。得無念時，自然解脫。」（註卅二）

無念是不起妄心之念，像是七賢女中的無根之樹（註卅三）；無妄心之念其念自淨，像叫不響的山谷；其智才可用。正念不滯於有無、苦樂、生滅、取捨、怨親、憎愛，而在於覺，覺自性，若能自性覺則自然解脫。

妙行品第五

一、坐禪眞義

師示眾云：「此門坐禪，元不看心，亦不看淨，亦不是不動。若言看心，心元是妄，知心如幻，故無所看也。若言看淨，人性本淨，由妄念故，蓋覆真如，但無妄想，性自清淨。起心看淨，卻生淨妄，妄無處所，看者是妄。淨無形相，卻立淨相，言是工夫；作此見者，障自本性，卻被淨縛。」

六祖開示大眾：「這一坐禪法門，基本上是不叫你去看人心，也不要去看身淨，如果有叫你去看心，那你看的心是妄心，要知道心念是虛幻假有的，所以是不能用看的。如果說看淨不淨，人的本性本來就清淨，是因爲有妄念干擾，遮蓋住了如如不動的本性，淨本身也無形相，卻要去安立個淨相，然後說去下功夫；有這種看法的，是障礙了自性，反被束縛住了。」

「善知識！若修不動者，但見一切人時，不見人之是非善惡過患，即是自性不動。善知識！迷人身雖不動，開口便說他人是非長短好惡，與道違背；若看心看淨，即障道也。」

「大德們！所謂修不動的意思是，當見一切人之時，不去看人的是非善惡或過錯，便是自性不受干擾而動。大德們！迷昧的人身體雖然不動，但一開口便說人家的是是非非長處短處，與道相違背；再說看心是淨，便是障礙大道啊！」

師示眾云：「善知識！何名坐禪？此法門中，無障無礙，外於一切善惡境界，心念不起，名為坐；內見自性不動，名為禪。善知識！何名禪定？外離相為禪；內不亂為定。外若著相，內心即亂；外若離相，心即不亂。本性自淨自定，只為見境思境即亂。若見諸境心不亂者，是真定也。善知識！外離相即禪，內不亂即定；外禪內定，是為禪定。菩薩戒經云：『我本性元自清淨。』善知識！於念念中，自見本性清淨，自修自行，自成佛道。」

六祖開示大眾：「大德們！什麼叫做坐禪？在這法門中，不能有任何障礙，在外境上所有的善惡，我們心念不隨之而起伏，便是叫做坐；向內觀察自性不動，便是叫做禪。大德們！什麼是禪定？離了外境之相便是禪；內又不因外境而亂便是定。對外境若著了相，便會讓內心紊亂；對外境若不著相，便會讓內心不紊亂。自性本來就是淨和定，只因見境而起念而亂。如果見所有外境而心不會亂的，是眞正的定啊！大德們！離了外境之相，便是禪，內心不會因外境而亂，便是定；外禪而內定，就是禪定。菩薩戒經說：『我的本性本來就清淨。』大德們！在一念接著一念之中，能看見本性是清淨的，自己依此修依此行，就能成就佛道。」

六祖釋坐禪眞義，在不著心、著淨、著動靜。因爲起心、淨、靜皆是著相，此意看是簡單明瞭，但一直非常困擾著人，到底什麼才是「不著」？舉一個禪宗公案來體會，鄧隱峰禪師往池州參拜南泉普願禪師。剛到南泉，正好碰上僧眾參請，普願禪師指著淨瓶（淨手用的瓶子），說道：「銅瓶是境。瓶中有水，不得動著境，與老僧將水來。」衆僧無言以對。這時鄧隱峰禪師走上前，拿起淨瓶，在南泉面前就倒。於是南泉便回到方丈室去了。這段公案正好說明：「本來無一物，何處惹塵埃。」淨瓶裝水是爲了洗手，本與瓶子無關，南泉故意讓弟子著了瓶子的形相，以致於不知如何跳出形相來取水，這就是要想不著相，反而著了相，鄧隱峰取水予南泉，並不是取瓶予之，故在水不在瓶，南泉認可歸於方丈室。（禪師應機最後會有一個歸回僧室或來處的動作）這二人所示現的便是「禪」，這世間許許多多便是如前所述，著了淨之相，淨瓶功用只是裝洗手水，但命了「淨」之名，故而瓶身不可污損，要潔白乃至山鳥圖案美觀之。同樣世間許多器物演變成非其用之形相，讓人心神沉迷玩索其間，終究不可自拔。

第二段六祖強調坐禪並不是修「身」不動，而是要「性」不動，第三段解釋何謂性不動──離相及不亂，是怎樣離相不亂呢？再舉一個禪宗公案來說明：

❍ 臨濟坐禪

義玄禪師一日在黃檗僧堂裏睡，黃檗入來，以拄杖於床邊敲三下，義玄舉首，見是和尚，卻睡。黃檗打席三下去，卻往上間，見首座坐禪，乃云：「下間後生卻坐禪，汝這裏妄想作什麼？」

首座云：「這老漢患風耶？」黃檗打板頭一下，便出去。（註卅四）

通常白日在僧堂裡睡覺是犯了戒律，正睡著香甜時被人敲床，是很容易驚醒的，更何況一張開眼睛，是師傅在叫醒，一般人一定會馬上跳起來，這就是見了師傅的相而心驚亂，義玄不理會繼續睡，便是離相及不亂，黃檗到了首座僧房，見首座在坐禪，卻說他在胡思亂想，因爲坐禪工夫，是要不斷的把念頭放下，所以是一直在動念來放下念頭，也就是一直在想如何把念頭斷去，進而不起念頭。首座聽了黃檗的話，心不起坐禪是妄想的疑惑，只回問義玄是病了嗎？亦不著禪相，黃檗打了一下他的香板，便離開（回到來處的動作）。這二人恰是示現了坐禪不在動與靜。

再來看大珠慧海有名的公案：

有源律師問慧海禪師：「修行人平常如何用功？」禪師淡淡地回答：「也沒什麼，只不過吃飯、睡覺而已。」有源律師對這樣平凡的回答感到驚訝，不以爲然地質疑：「一般俗人每天也是吃飯、睡覺，那麼修行人跟俗人有什麼差別？」禪師說：「當然不同！一般人吃飯時不專心吃飯，而是挑三揀四，睡覺的時候也不好好睡覺，輾轉反側。」

問：「夫修根本，以何法修？」

答：「惟坐禪，禪定即得。禪門經云：『求佛聖智，要即禪定；若無禪定，念想喧動，壞其善根。』」

問：「云何為禪？云何為定？」

答：「妄念不生為禪，坐見本性為定。本性者，是汝無生心。定者，對境無心，八風不能動；八風者：『利、衰、毀、譽、稱、譏、苦、樂』，是名八風；若得如是定者，雖是凡夫，即入佛位。何以故？菩薩戒經云：『眾生受佛戒，即入諸佛位；得如是者，

即名解脫，亦名達彼岸、超六度、越三界、大力菩薩、無量力尊，是大丈夫。』」（註卅五）

隨時都在坐禪的人，是每個當下做當下應該做的事，心不會外放妄想，也不會刻意斷除思念，坐禪的「坐」不是坐著不動，而是處於禪的境界之中。〈機緣品第七〉有段可以說明：

有僧舉臥輪禪師偈云：「臥輪有伎倆，能斷百思想，對境心不起，菩提日日長。」師聞之曰：「此偈未明心地，若依而行之，是加繫縛。」因示一偈曰：「惠能沒伎倆，不斷百思想，對境心數起，菩提作麼長。」

對境心數起，起的不是妄心雜念，而是當下的妙觀察智。臥輪自傲能斷百思量，無念功夫深，是六祖所反對的枯坐禪。馬祖坐禪時被南嶽懷讓點醒，他回答馬祖：像牛拉車，車子停了，是打車還是打牛？枯坐禪就好比欲使車行，一直在鞭打車子一樣，是不明根源之處，坐禪時千方百計的要斷四門（眼、耳、口、鼻）不令外景入內，若眞是如此，殘疾之人不就容易入於禪了嗎？源頭不在這些感官，而是，是什麼當接受到這些感官傳來的訊息時，會有著相及心煩意亂呢？若將這些訊息交給自性來做主，就好像公務員一樣，按章辦事，就不會有動輒得咎之事，也是所謂的做一個「無事之人」。

師侍馬祖行次，見一羣野鴨飛過，祖曰：「是什麼？」

師曰：「野鴨子。」

祖曰：「甚處去也？」

師曰：「飛過去也。」祖遂回頭，將師鼻一搊，負痛失聲。

祖曰：「又道飛過去也！」師於言下有省。

眼見野鴨飛去，好比念頭已去，就不要意念著它的來去，這則公案另外有趣的是，馬祖問的不是野鴨子，天空這麼大，爲何只看到鴨子，這麼大的天爲何不見，人們只見小小念頭，卻不見摩訶自性。藥山惟儼禪師手指上又指下，告訴李翺「雲在青天水在瓶」，石頭希遷說：「長空不礙白雲飛。」自性不受塵勞所束縛。

善靜在普樂處典園務。有僧辭普樂。普曰：「四面是山，闍黎向什麼處去？」僧無對。語善靜。靜代對曰：「竹密不妨流水過，山高那阻野雲飛。」（註卅六）

念頭煩惱就像四圍高山一樣，但妨礙不了自性的流露，所以坐禪就是讓眞主人安坐在主位上，讓祂能主宰一切，跨越層層阻礙。

懺悔品第六

一、五分法身香

時大師，見廣韶洎四方士庶駢集山中聽法，於是陞座告眾曰：「來！諸善知識，此事須從自性中起，於一切時念念自淨其心，自修其行見自己法身，見自心佛，自度自戒始得，不假到此，既從遠來一會於此，皆共有緣，今可各各胡跪，先為傳自性五分法身香，次授無相懺悔。」眾胡跪。

一時，六祖看見了廣州韶州以及四面八方的好道之士人、民眾全聚集在山中聽法，於是大師便陞座對大衆開示：「來啊！諸位大德，有關修行悟道這件大事必須從自性中了悟做起，無論在任何時刻每一起心動念都清淨自心，努力修持自己的妙行以達到自見自我之法身，見到自己的自性佛，自己了度自己得，自己戒愼自己才能有得，這樣才不辜負諸位不遠千里遠赴此地，既然來了皆是彼此有良好的法緣，於今各依佛規禮儀跪坐好，我先爲各位傳授自性的五種法身香，再傳各位無相懺悔的道理。」衆人聽聞皆依禮坐跪。

師曰：「一『戒香』，即自心中無非無惡，無嫉妒無貪瞋無劫害，名『戒香』。二『定香』，即睹諸善惡境相自心不亂，名『定香』。三『慧香』，自心無礙，常以智慧觀照自性，不造諸惡，雖修眾善心不執著，敬上念下矜恤孤貧，名『慧香』。四『解脫香』，即自心無所攀緣，不思善不思惡，自在無礙，名『解脫香』。五『解脫知見香』，自心既無所攀緣善惡，不可沈空守寂，即須廣學多聞，識自本心達諸佛理，和光接物無我無人，直至菩提真性不易，名『解脫知見香』。善知識！此香各自內薰，莫向外覓。」

六祖說：「第一是『戒香』，便是自心中修到沒有是非諸惡，沒有嫉妒念頭無慳貪瞋的觀念無劫掠害他人之心，因此名叫『戒香』。第二是『定香』，是能於見到任何善惡的境相自心不爲境所亂，所以叫『定香』。第三是『慧香』，是自心無有障礙，常以智慧觀照體察自性，不造作一切的罪惡，在修一切善法之時能又不去執著，敬重在上的人體念在下的孤苦無依貧窮潦倒的人，便是叫做『慧香』。第四是『解脫香』，是自己心中沒有任何的攀緣附會，不去想是不是善也不去想是不是惡的，自在無所阻碍，便是叫『解脫香』。第五是『解脫知見香』，是自心中既然沒有任何的攀緣附會於是善還是惡時，也不可落於空觀守著寂滅，應當不斷精進廣泛參學多多聞法，認識自己的本性去映照通達諸佛的眞理，並能與塵世之人融合一體沒有我相人相之境界，直到菩提自性不變易，便是叫『解脫知見香』。各位大德！這五分法身香請各自向內心去薰習，不必向外去尋覓。」

佛法教義中，針對不同根性的衆生，會有相對應的法門，指引衆生時也常由淺入深或由近至遠，一層層的勘破，一段段的實踐，欲接近佛法最方便的是常至佛寺中，去聆聽法師的開示，或自行燃香祝禱，因此，佛寺之中自然發展出一些教化功能的擺設或儀軌。除了香之外，主要是有五樣物品來暗示各自的涵義，這五樣分別是燈或燭火、水、香、果、花。

淺 ← ← ← 深	
十惡	身口意
十善	戒定慧
六度	布施、持戒、忍辱、精進、禪定、般若
象徵物	水、果、花、香、光

表所示，修行之基本在去十惡，身有三惡：殺、盜、淫；口有四惡：惡口、妄語、綺語、兩舌；意有三惡：貪、嗔、痴。去此十惡卽修十善，而對治十惡的法門爲戒、定、慧。再進階爲行六度波羅蜜，分別是布施、持戒、忍辱、精進、禪定與智慧。佛教教義中認爲，人會造惡是因容易受六根所染，六根沾染六塵爲六識，六根是眼、耳、鼻、舌、身、意。佛寺中的象徵物卽是暗示六度波羅蜜及去對治這六根的根塵相偶。分別簡釋如下：

眼是見光之感官，佛寺中的燈火表示光明智慧，光能照見無明黑暗，眼見光時眼中卽反照出光，如同眼會放光，表示常放自性之光。龍潭吹燭吹的不是有形之光，人容易受華麗的文句，而目炫神迷，分不出實相非相。「明是因暗是緣，明沒則暗，以明顯暗，以暗顯明，來去相因，成中道義。」（付囑品第十）所以見光時反照是否存有妄心邪念，無燭光時則思該點亮慧光。一盞燈能讓人入於禪，進於覺，達於悟也。

耳根是人與外境呼應最顯著之感官，人與人之間透過言語最能快速精準的傳達彼此的想法，但也是最能讓人起心動念的，以水代表耳要清淨，要平等不二，如同孔子之耳順或孟子之不動心，在六度中水表示布施，萬物受水之滋潤而生生不息。觀於水思淨與濁，供佛茶水或浴佛身，皆是去濁爲淨，不能施便是貪濁，不能平便是氣濁，不能下便是憤濁。溈山禪師說水能平物，但仰山卻說水亦無定，但高處高平，低處低平。面對不同的衆生，內心是否能高處高平，低處低平。

鼻是聞氣味，通常人在聞時，爲了能淸楚分辨氣味屬性，會自然的把眼睛閉上，專注在分辨氣味中的差異，佛寺中爲何要焚香？香有安定心神的功用，人在專定於心神之際，較能定心於一處，通常燒三柱香，表示戒、定、慧香。由戒入定；藉定而生慧。六祖的五分法身香除了戒、定、慧香外，再加上解脫及解脫知見香，在第二品中，六祖說「不論禪定解脫」，因爲欲藉禪定來得解脫，是攀緣解脫，不是眞禪定，所以解脫香卽不攀緣戒、定、慧，但此解脫還是留有知見，故權設解脫知見香。香有另一特色，除了香味外，它一旦點燃後，會持續不斷的燃盡自己，在六度中表示「精進」，風愈大它燒的愈興旺，暗示考驗愈大，愈是勇猛精進。

舌，容易造口業，口業形成果報，所以，佛寺中以水果來表示，果，通常是以儀式慎重的獻上供桌，暗示人人對果報要慎重看待，果在六度中代表持戒，同一果仔，在不同的土壤、環境，長出來的一定還是同一果子，不會有種瓜得豆之事，所以戒律不會因地域、環境不同而有所改變，但會有所調適，例如「淮橘爲枳」，雖外形口味不同，但還是同一橘種，就像中國佛教要茹素，佛陀時未茹素爲戒，便是不同環境（文化）而有所調適，但不變的都是以慈悲心爲基。提到吃素，一直有人在探討奶、蛋是不是素料？他們的歧異，主要是圍繞在奶蛋有無生命否？問題的本質並沒有掌握到，若問筆者，我會回答以前的奶、蛋是素的，現在的很少是。佛陀時期托缽乞食，除了維持自己生命外，還能與衆生結緣，所以信衆佈施的是葷是素，他都歡喜接受，甚至是「一捧沙」（註卅七）。我們生在這個時代，維持生命不是難事（指物質充足的地方），要與衆生結善緣而非惡緣，所以吃的食材是否會造成衆生痛苦呢？以前雞及牛是放養爲主，所以牠們的奶及蛋在取得時，不會對牠們造成痛苦及不適。現在則否，牠們豢養在牢籠之中，爲增加生產率而注射藥物，爲擇選合適者，將淘汰者絞殺。試問，雖食未有生命之奶、蛋……慈悲否？

花，示莊嚴之身，花香示氣質，讓人歡喜親近，能廣結善緣，另外花在六度中表示忍辱，因爲花任人堪折而不萎，如人受屈辱不生怨懟，依然呈現最美的一面。布袋和尚：「有人罵老拙，老拙只說好；有人打老拙，老拙自睡倒。涕唾在面上，隨他自乾了；我也省力氣，他也少煩惱。」及佛陀爲忍辱仙人時，受割利王支解身體的故事，便是忍辱波羅蜜的境界。蓮花在大乘佛教有很特殊的含意，一般花跟果都是先開花後結果，蓮花則不同，它是開花時果也成形了，象徵菩薩發心同時其菩薩果也具現。其次是蓮花生長在汙泥池水中，表示與衆生同在五濁惡世中，不捨衆生又不受塵世染濁。另外有些會擺放竹葉青，表示修行要常綠，且生生不息。

六度中還有一樣是禪定，六祖說過：「何名禪定？外離相爲禪；內不亂爲定。」佛寺之中擺設，並不是要人去著形著相，而是讓人能藉相來思維，通達之後就放下一切知見，故，六根之「意」，勿去受五識所染。

除了這些象徵物外，其實還有很多佛具、設施，都有它背後的含意，例如「鐘、鼓」，禪宗公案中有幾則與鐘鼓聲有關的：

❍ 觀音入理

因普請钁地次。忽有一僧，聞飯鼓鳴，舉起钁頭，大笑便歸。

師曰：「峻哉！此是觀音入理門。」

師歸院，乃喚其僧問：「適來見什麼道理便憑麼？」

對云：「適來只聞鼓聲動，歸吃飯去來。」師乃笑。（註卅八）

❍ 鐘聲七條

雲門曰：「世界恁麼廣闊，因甚向鐘聲裏披七條？」（註卅九）

第一則百丈禪師誤以爲僧人是聽鼓聲而明心見性，但他有提到一個「觀音入理」之法門，第二則雲門文偃禪師，提問了「有人觀音入理了嗎？」在解釋這二則公案之前，先來看楞嚴經一段經文：

恐汝誠心猶未信伏，吾今試將塵俗諸事，當除汝疑。即時如來敕羅侯羅擊鐘一聲，問阿難言：「汝今聞不？」阿難大眾俱言：「我聞。」鐘歇無聲，佛又問：「汝今聞不？」阿難大眾俱言：「不聞。」時羅侯羅又擊一聲。佛又問言：「汝今聞不？」阿難大眾又言：「俱聞。」佛問阿難：「汝云何聞？云何不聞？」阿難大眾俱白佛言：「鐘聲若擊，則我得聞，擊久聲銷，音響雙絕，則名無聞。」如來又敕羅侯羅擊鐘。問阿難言：

「汝今聲不？」阿難大眾，俱言有聲。少選聲銷，佛又問言：「爾今聲不？」阿難大眾，答言無聲。有頃羅侯更來撞鐘。佛又問言：「爾今聲不？」阿難大眾，俱言有聲。佛問阿難：「汝云何聲，云何無聲？」阿難大眾俱白佛言：「鐘聲若擊，則名有聲，擊久聲銷，音響雙絕，則名無聲。」佛語阿難及諸大眾：「汝今云何自語矯亂。」大眾阿難，俱時問佛：「我今云何名為矯亂？」佛言：「我問汝聞，汝則言聞，又問汝聲，汝則言聲。唯聞與聲，報答無定，如是云何不名矯亂。阿難，聲銷無響，汝說無聞，若實無聞，聞性已滅，同於枯木，鐘聲更擊，汝云何知，知有知無，自是聲塵或無或有，豈彼聞性為汝有無，聞實云無，誰知無者，是故阿難，聲於聞中，自有生滅，非為汝聞，聲生聲滅，令汝聞性，為有為無。」**（註四十）**

佛陀以世俗之「聲」，來啓發阿難及大衆五識及六識之別，阿難及大衆是用耳根來聞聽，所以有聽到就有聲音，沒聲音時就沒聽聞到，佛陀要他們勿用耳根之耳識來聽聞聲音，而是要去思惟、諦察世間之音。例如：槌輕輕的敲到鐘，鐘爲何會發出如此宏亮且綿長的聲音？當一段時間後其餘音漸消，不復有聲。記得在幾年前，曾看到一則新聞，有一個約一歲左右的小嬰兒，被人丟棄在托兒所門口，早上職員發現並打開放嬰兒的箱子時，見小嬰兒一雙大眼睛，骨碌碌的瞧，他沒有啼哭，只是安靜的看著，當小嬰兒被帶到警察局，交由社工照顧，大家哄他，給他吃東西，他都沒有反抗或哭鬧，直到數個小時後，終於找到丟棄小嬰兒的母親，並通知到警局時，小嬰兒見到熟悉的面孔，突然哇的一聲大哭。這個新聞讓筆者想起，家中小狗，在還是數月大時，被女兒從店裡買回，這小狗從那天起，每當我們下班或放學回來時，小狗都高興的搖著尾巴，這隻狗尾巴搖的太誇張，幾乎是身體扭轉一百八十度，頭尾碰在一起，牠看起來非常高興，可是令人哭笑不得的是，牠邊搖邊滴尿。提這兩個事例是因爲「聽到」了他們的聲音，他們撞到了筆者的心鐘，當新聞記者講述到這小嬰兒很乖，不哭不鬧，筆者心中突然一陣酸痛，這嬰兒不是乖，而是「知道」的，當他睜開雙眼時，見到是一個完全陌生的地方，小嬰兒本該有的反應，應該是恐懼而大哭，但他爲何不哭？之後許多陌生的臉孔在他面前時，他本能上也該不安的大哭，可是他也沒哭，哭是一種宣洩，然後會有親人溫柔的呵護，但他知道，他被遺棄了，雖然他不懂什麼是遺棄？但知道哭不會有熟悉溫柔的懷抱，所以本該有因恐懼害怕的本能，卻被更強烈的不安給壓抑下來，直到見到那熟悉的母親，強烈的不安才消失，害怕的感受才喚起他哭的本能。這期間小嬰兒他一直很努力的面對著不安與恐懼，那是一種爲活下去而發出的聲音。同樣的，小狗看似極度高興，可是身體的反應，掩蓋不了牠心中的恐懼，牠在寵物店裡，每當有人來挑選時，有些小狗會做出討好的動作，這隻小狗就是因爲動作討喜而被選上。來到一個新家，面對到許多陌生人，牠爲了能生存下去，不自主的努力搖動尾巴，牠其實是害怕的，如今我終於——聽到了。去年無意間看到動漫「聲之形」，劇情是一位聾啞小女孩，爲了能讓班級同學接納她，她一直很努力的想和大家互動，希望能與大家做朋友，可是事與願違，她愈是努力，班上一位小男生就愈是霸凌她，她不斷的以笑臉及對不起回應他的欺侮，但始終得不到正面的回報，最後她崩潰的哭打著這位男同學，用口齒不清的聲音，喊著「我已經很努力了」。她的聲音是多麼的響亮啊！

世間處處都有不同但又一樣的「心聲」，圓悟克勤受老師五祖法演的啓發，見雞振翅鳴叫時，他自言道「此亦不是聲」（註四一），他不是聽到耳根之聲，而是心鐘之音。曹山本寂禪師聞鐘聲，乃云：「阿耶耶，阿耶耶。」僧云：「和尚作甚麼？」師云：「打着我心。」大自然的一切生命，春天繁茂滋生，秋天落葉結果，它們是多麼的努力啊！老子爲何說「天地不仁，以萬物爲芻狗。」（註四二）所有生命會認爲天地對它們不仁嗎？還是我們沒有聽到它們的聲音？沒聽到「庭前柏樹子」？雲門問出家人，聽到鐘聲就披上僧服，還是披上僧服是爲了向鐘聲裡去？世尊開示阿難，自性之鐘因「緣起」而共鳴，緣去便慢慢自靜（淨），我們是聽到世間的聲音還是「觀～世～音」。

二、一體三身自性佛

……今既自悟，各須歸依自心三寶。內調心性外敬他人，是自歸依也。善知識！既歸依自三寶竟，各各志心，吾與說一體三身自性佛，令汝等見三身，了然自悟自性。總隨我道：「於自色身歸依清淨法身佛，於自色身歸依圓滿報身佛，於自色身歸依千百億化身佛。」

……今天既然已經自悟了，各自必須歸依自心三寶。向內調和自己的心性外要恭敬尊重他人，這就是自歸依了。大德們！既然歸依自心三寶了，每個人專心一志，我與大家說一體三身自性佛，讓大家能見三身，了了明瞭自悟自己本性。大家跟我一起唸：「在自己色身內歸依清淨法身佛，在自己色身內歸依圓滿報身佛，在自己色身內歸依千百億化身佛。」

善知識！色身是舍宅，不可言歸。向者三身佛在自性中，世人總有。為自心迷不見內性；外覓三身如來，不見自身中有三身佛。汝等聽說，令汝等於自身中見自性有三身佛。此三身佛，從自性生，不從外得。

大德們！色身像是屋舍，不可以說是歸處。歸向的三身佛是在自性之中，世人都有的。只因爲自心迷失不能見到內在自性；而向外去尋覓三身如來，反而不見自身中本有的三身佛。大家聽我說，今天大家在自身中去見自性的三身佛，此三身佛是從自性生出，不是從外面得來。

何名清淨法身佛？世人性本清淨，萬法從自性生。思量一切惡事即生惡行，思量一切善事即生善行。如是諸法在自性中，如天常清，日月常明，為浮雲蓋覆，上明下暗，忽遇風吹雲散，上下俱明萬象皆現，世人性常浮游如彼天雲。善知識！智如日，慧如月，智慧常明。於外著境，被妄念浮雲蓋覆自性，不得明朗，若遇善知識，聞真正法，自除迷妄，內外明徹，於自性中萬法皆現，見性之人亦復如是，此名清淨法身佛。

什麼是清淨法身佛？世人自性本來就是清淨，萬法也是從自性生出。想所有的惡事便會做出惡行，想所有的善事便會做出善行。諸法就是這樣在自性中，好像天空常常清朗，日月常常放光明亮，但因爲有浮雲遮蓋住，雲上面亮雲下面暗，突然一陣風將雲吹散，上下便同時明亮萬物都清晰可見，世人習性常像浮雲般浮動。大德們！智如同日，慧如同月，智慧常明亮。若著了外境，被像浮雲般的妄念遮蓋住自性，不能光亮清朗，如果遇到大德者，聽到他們開示的正法，自己能除去迷昧妄念，使內外都明亮透徹，在自性中萬法皆能呈現，有明心見性之人也是如此，這就是清淨法身佛。

> 善知識！自心歸依是歸依自性，是歸依真佛。自歸依者，除卻自性中不善心、嫉妒心、諂曲心、吾我心、誑妄心、輕人心、慢他心、邪見心、貢高心及一切時中不善之行。常自見己過，不說他人好惡，是自歸依。常須下心，普行恭敬，即是見性通達，更無滯礙，是自歸依。

大德們！自心歸依是歸依自性，才是歸依眞佛。能自歸依的，去除心念中不善的心、嫉妒心、諂媚偏曲心、自我的心、誑妄心、輕視人的心、傲慢他人的心、邪見的心、貢高的心及所有時刻中有不善的行爲。常常發現自己的過錯，不去說他人的好處惡處，是內自歸依。常常必須低心下氣，不是特別去行恭敬，便是通達明心見性了，也不會有遲滯阻礙，便是內自歸依。

> 何名圓滿報身？譬如一燈能除千年闇，一智能滅萬年愚。莫思向前，已過不可得，常思於後，念念圓明，自見本性。善惡雖殊，本性無二，無二之性，名為實性。於實性中，

不染善惡，此名圓滿報身佛。自性起一念惡，滅萬劫善因，自性起一念善，得恆沙惡盡。直至無上菩提，念念自見，不失本念，名為報身。

什麼是圓滿報身？譬如一盞燈能去除千年的黑暗，一智起能滅萬年來業障的愚痴。過去的已成過去不要去追回，要常想未來不可再蹉跎，念念之間圓滿無缺，照見本性。善惡雖然不同，但本性沒有不同，是無二元之性，是爲實性。在實性之中，不會沾染善惡，這便是圓滿報身佛。自心若起一個惡念頭，便會滅去萬劫來的善因緣，自心生起一個善念頭，會滅盡如恆河沙數般的惡緣。如此下去直到證得無上菩提，念念之間自我觀照不失本性之念，便是報身。

何名千百億化身？若不思萬法，性本如空，一念思量，名為變化。思量惡事，化為地獄，思量善事，化為天堂。毒害化為龍蛇，慈悲化為菩薩，智慧化為上界，愚癡化為下方。自性變化甚多，迷人不能省覺，念念起惡，常行惡道，迴一念善，智慧即生，此名自性化身佛。

什麼是千百億化生佛？如果不去設想有萬法可應用，因爲自性本來是空的，一個念頭去思量，便會有變化。思量惡事，便變化成地獄，思量善事，便變化成天堂。想毒害之事，變化成龍蛇，想慈悲之事，變化成菩薩，用智慧變化爲上界樂土，是愚痴則變化成下界濁世。自心能變化多端，迷昧的人不能去察覺，所以念念之間常做的是惡事，若能迴念爲善，便能生起智慧，這便是自性化身佛？

善知識！法身本具，念念自性自見，即是報身佛，從報身思量，即是化身佛，自悟自修自性功德是真歸依。皮肉是色身，色身是宅舍，不言歸依也。但悟自性三身，即識自性佛。

大德們！法身本自具有，念念之間能察覺到自性，便是報身佛，從報身去思量，便是化身佛，自己省悟能修自性功德便是眞實歸依。皮肉是色身，色身像是房屋，不能說可歸依的。但只要悟得自性三身，便能識得自性佛。

六祖這皈依三身佛很特別，他特別指明「自色身」，通常佛法言詮色身是假有，不可貪愛此四大假合，佛典上有一個故事：釋迦牟尼佛的弟子「離婆多」尊者，未成佛弟子之前，有一次夜宿空亭，遇二鬼爭一具死屍，這二鬼要他評論。結果得罪了大鬼，身體被大鬼支解，而另一小鬼則將死屍軀體將他補回。他雖手腳軀幹不缺，但他生了大煩惱心，懷疑自己這身體還是自己的嗎？於是逢人便問：「你有沒有看到我的手腳？還有沒有我的存在呢？」後遇一比丘經過，見離婆多這種情形，遂陪他到釋迦牟尼佛處，佛陀告訴他：「我們的身體，本是父母的遺體，暫假和合用而已。」離婆多遂因此而悟到：「人身四大假合」的道理而證得阿羅漢果。

皈依是誓願終生信從，也就是歸向、依靠○○○爲師、爲友、爲法、爲目標、爲志願……。字面上的意思會有向外找尋、追求、達成……。而不是內在自行覺醒，所以六祖是強調自心三寶，自色身三佛，而不是外覓三身如來，當然他接著有解釋「色身是舍宅，不可言歸。」是假托之用，不是解剖學上可以找到的。

三身佛的解釋上，與下一品智通問三身四智的三身佛，在用語舉例上有很明顯的不同，這裡大量的舉出負面的障礙，像不善心、嫉妒心、諂曲心……等等心念；己過、下心、恭敬等肚量；再來是惡事、毒害、愚痴等行為。這些確實是自色身上所薰習、染有的，所以唯有自性三身佛，才能化自色身四大五蘊。由這也可看出，六祖對不同根性的學人，會有應機的不同說法。禪宗公案中，有一則趙州禪床，便是說明禪師如何針對不同根器的學人來設教：

❍ 趙州禪床

一日，真定帥王公攜諸子入院，師坐而問曰：「大王會麼？」

王云：「不會。」

師云：「自小持齋身已老，見人無力下禪床。」

王公尤加禮重。

翌日令客將傳語，師下禪床受之。

少間侍者問：「和尚見大王來不下禪床，今日軍將來為什麼卻下禪床？」

師云：「非汝所知。第一等人來，禪床上接；中等人來，下禪床接；末等人來，三門外接。」（註四三）

這則公案到宋朝時被佛印禪師給道破：「昔日趙州少謙光，不出山門迎趙王；怎知金山無量相，大千世界一禪床。」這裡簡單說明，趙州示現的是上根性人，已能自近禪床（自性），不須要禪師去引導入門，而下根性人，才須要遠出門去一步一步的引導入內，遠出門外便是離了一佛乘法，而用種種有形有相的方便法來接引。佛印道破不管用何法，都是禪師的自性禪法。

這一章節他的譬喻說法，先在身上、念頭上思惟己過，將一切不善之事除去或不行，便是歸依於自性。所以是以不修惡法爲清淨，便是法身清淨。這種說法明顯是對中下根性人說，藉有爲法而近無爲。另外這一章節，與敦煌版多有不同，例如圓滿報身佛部份敦煌版論述不多，再來是此版本在解釋自性上種種，有明顯的錯誤：

自歸依者，除卻自性中不善心、嫉妒心、諂曲心、吾我心、誑妄心、輕人心、慢他心、邪見心、貢高心及一切時中不善之行。

這段話敦煌版沒有，自性本自清淨，所以不會有所謂的不善心、嫉妒心……等等，更不可能去「除卻」。懷讓禪師回答六祖有言「修證卽不無，污染卽不得。」自性那有地方可下手去修呢？本版本與敦煌版在清淨法身佛解釋上，大致相同，都是指自性如日月明亮，只是會受如浮雲般的念頭給遮罩住，但自性之光未曾暗淡。所以這一句「除卻自性中不善心」應該指的是「心念」。

（流通版）

自性起一念惡，滅萬劫善因，自性起一念善，得恆沙惡盡。

（敦煌版）

一念惡，報卻千年善心；一念善，報卻千年惡滅。無常已來，后念善，名為報身。

這二版本明顯不同，流通版指自性起一念；敦煌版單純指念頭。所以流通版應該誤植或增修者並未體悟自性實義，所以才有如此的錯誤。

（流通版）

法身本具，念念自性自見，即是報身佛，從報身思量，即是化身佛

（敦煌版）

從法身思量，即是化身；念念善，即是報身。

流通版將法身、報身及化身，做了有次序、有因果關係的排列，與敦煌版雖然不同，但還是相通的，但是流通版的念念自性「自見」，要讀「自現」會比較好，自現有顯現的意思，是一種感覺到的含意，感覺到自性在念念不斷的樣子，這個感覺便是「報身」，從報身上動念頭，動的念頭是去呼應自性的念念，落實出來便是化身佛。而敦煌版的「從法身思量」，要解釋爲：化身的思量是從（呼應）法身而出。「念念善」是指念念都是完全依著自性的，所以「善」是完備無偏差的意思。

禪宗有二則公案來對應何謂念念善：

❍ 通身手眼

雲巖問道吾：「大悲菩薩用許多手眼作什麼？」

吾云：「如人夜半背手摸枕子。」
巖云：「我會也。」
吾云：「汝作麼生會。」
巖云：「遍身是手眼。」
吾云：「道即太殺道。」只道得八成。
吾云：「師兄作麼生。」
巖云：「通身是手眼。」

❍ 無嘴

有僧人問：「如何是不言言？」
寶雲禪師反問：「你口在什麼處？」
僧人答：「無口。」
寶雲禪師：「你無口，用什麼喫飯？」
僧人啞口。

「通身手眼」是雲巖曇晟與道吾圓智在相互激盪機鋒，所立的公案，藉千手千眼觀世音菩薩，要這麼多手眼作何用？本意不是論手眼數量及作用，而是暗指菩薩護念衆生心量，道吾說手多可以在半夜時，伸到背後拉枕子，這樣睡會比較舒服，像世人沈睡在四生六道中，一直不能安寧身心，常造惡夢而不斷呻吟，這麼多的衆生所以需要許多手相助。雲巖聽了道吾的言機，也說會了，意思是知道怎麼言示機竅，他的說法是全身都是手跟眼，這樣表示全心全意在護念衆生。道吾覺得他說的太好了，但只得八成，不是最完善的說法，他用「通身」來取代「遍身」，通跟遍有何差別？也許在那個時代，有不同的含意吧！若按照字面來看，可能遍身是指全身，但通身是指全身裡裡外外，有別於遍身是身體外表的層次。這公案說明了，明心見性者，在機用上是不斷的念念於衆生。

第二則「無嘴」，可能是因寶雲禪師（馬祖道一的弟子），常以面壁不語來開示問話之人，所以才有僧人問他什麼是不言之言教？禪師反問他你的嘴在那？僧人很機敏的回答無嘴，因爲禪宗時代，正面回答常常不是答案，所以會用一些奇言怪行來應對，可惜他還是對錯話了，僧人已問不言之言，不就是處處是法說，他卻說無嘴，禪師只好問他，那你用什麼來吃飯？這公案也說明了，天地皆是無言之說，只要我們能去體悟到天地大道的運行、流佈，便能體察到諸佛菩薩對衆生的念念不斷。

最後來看他的無相頌，他強調若能持誦可令積劫迷罪消滅。

迷人修福不修道，只言修福便是道；布施供養福無邊，心中三惡元來造。
擬將修福欲滅罪，後世得福罪還在；但向心中除罪緣，各自性中真懺悔。
忽悟大乘真懺悔，除邪行正即無罪；學道常於自性觀，即與諸佛同一類。
吾祖唯傳此頓法，普願見性同一體；若欲當來覓法身，離諸法相心中洗。
努力自見莫悠悠，後念忽絕一世休；若悟大乘得見性，虔恭合掌至心求。

這無相頌呼應了六祖所說的「於自色身」下功夫，起因於世人福報與功德不分，以至於像竹籃子打水一場空，根本障礙在貪嗔痴三惡原，所以須先往心中去除之。從第一品五祖說：「世人生死事大，汝等終日只求福田，不求出離生死苦海。」第二品韋刺使，對達摩祖師說梁武帝全無功德感到疑惑，到這一品六祖的偈還是點出，迷人以為修福便是道，以爲布施供養福無邊。其實到現今，不管是東方還是西方世界，仍然是認爲布施捐獻，是主要行善積福的方式，在東南亞佛教興盛的國家，信衆對托缽出家人布施時，不謹恭敬甚至跪姿奉呈，而這些出家人不會有相對等的回敬，爲何出家人表現出來的好像理所當然？因爲在他們的信仰觀念上，信衆布施給他，他則以法施迴向給信衆，而法施要比財物布施還要尊貴。禪宗公案有一則，類似布施迴向之事：

師到投子處，對坐齋。投子將蒸餅與師吃，師云：「不吃。」不久下胡餅，投子教沙彌度與師，師接得餅，卻禮沙彌三拜。投子默然。

趙州和尚到投子和尚處，二人互相對坐準備吃飯，投子和尚先將蒸餅遞給趙州和尚，趙州和尚說不吃。過了不久沙彌送上來胡餅，投子和尚要沙彌拿胡餅給趙州和尚，趙州和尚接了下來並對沙彌禮拜三下。投子看了默然沒有意見。趙州和尚曾說過，投子和尚的應機能力比他高竿，投子和尚遞蒸餅給他時，他說不能吃，因爲受了投子的布施後，他不能回他任何法施，但沙彌可以，所以不但接受並回禮三拜。

六祖的偈前二句，是從有形的方面下手，之後才有機緣「忽悟大乘」，這句話看來，不是人人都能得悟，還得看個人機緣，這就有點感傷了。後三句是指得以見性者，自知法身本無相，無住於念，就像是對自性虔恭合掌求其作主一樣。

機緣品第七

一、法華經

僧法達，洪州人，七歲出家，常誦法華經；來禮祖師，頭不至地。祖訶曰：「禮不投地，何如不禮？汝心中必有一物，蘊習何事耶？」曰：「念法華經已及三千部。」

僧人法達，洪州人，七歲時出家，經常讀誦法華經，來謁見禮拜六祖，但行禮時頭不及地，六祖訶斥他：「行禮頭不及地，不如不行禮好了？你心中一定有自視甚高的事物，你是修習什麼功課呢？」法達說：「我念法華經已經三千遍了。」

……法達即高聲念經，至譬喻品，師曰：「止！此經元來以因緣出世為宗，縱說多種譬喻，亦無越於此。何者因緣？經云：『諸佛世尊，唯以一大事因緣故，出現於世。』一大事者，佛之知見也。世人外迷著相，內迷著空；若能於相離相，於空離空，即是內外不迷。若悟此法，一念心開，是為開佛知見。佛，猶覺也；分為四門：開覺知見、示覺知見、悟覺知見、入覺知見。若聞開示便能悟入，即覺知見，本來真性，而得出現。汝慎勿錯解經意，見他道開示悟入，自是佛之知見，我輩無分。若作此解，乃是謗經毀佛也。彼既是佛，已具知見，何用更開？汝今當信佛知見者，只汝自心，更無別佛。蓋為一切眾生，自蔽光明，貪愛塵境，外緣內擾，甘受驅馳，便勞他世尊從三昧起，種種苦口，勸令寢息，莫向外求，與佛無二；故云開佛知見。

……法達於是開始高聲唸經，唸到譬喻品時，六祖說：「停！這部經是以佛的一大事因緣而出世爲宗旨，雖然用了許多種譬喻來說法，也沒有超越這宗旨。是什麼因緣？經上說：『諸佛乃至世尊，都是以一大事因緣之原因，降生於這個世間。』這一大事，是佛的眞知眞見。世人易於向外著迷於形相，向內著迷於空相；如果能在形相上而不著形相，在空相上不著空相，便是內外都不迷昧。如果能悟得此方法，在一念之間便能開悟，便是開悟了佛的眞知眞見。佛，也就是覺也；分別出四門功課：開導衆生佛的眞知眞見，啓示衆生佛的眞知眞見，使衆生能悟佛的眞知眞見，使衆生證入佛的眞知眞見。如果聽受開導啓示便能悟得證入，這便是覺佛的眞知眞見，本來俱有的自性，也得以呈現出來。你要謹愼小心不要誤解了經文含意，看經文說開示悟入，以爲是佛祂自己的看法，跟我們無關。如果是這樣認爲，便是毀謗經典與佛啊！祂既然已經是佛了，何必還要去開什麼？你今天應當要相信佛的眞知眞見，就是我們的自心，不是外在的其祂佛。因爲所有衆生，自己遮蔽了自性光明，貪愛著塵世情境，外在的因緣而干擾了內心淸淨，甘心受外緣驅使馳乘，於是只好勞煩世尊從自性三昧中，用盡種種方法苦口婆心，勸導衆生放下塵緣息去妄念，不要向外去追求，這樣才能與佛無有不同，所以才說是開佛的眞知眞見。」

吾亦勸一切人，於自心中，常開佛之知見；世人心邪，愚迷造罪，口善心惡，貪瞋嫉妒諂佞我慢，侵人害物，自開眾生知見。若能正心，常生智慧觀照自心，止惡行善，是自開佛之知見。汝須念念開佛知見，勿開眾生知見。開佛知見，即是出世；開眾生知見，即是世間，汝若但勞勞執念，以為功課者，何異犛牛愛尾？」

我也勸所有人，在自性之中，要常打開佛的眞知眞見；世人心容易偏邪，愚痴迷昧而造下罪業，嘴巴雖說的是好話但心中想的是惡事，貪瞋、嫉妒、諂媚、便佞、我慢，侵犯他人損害他物，自己開了凡夫的見識。如果能正心誠意，常生出智慧來觀照自心，停止作惡積極行善，就是自己開啓佛的眞知眞見。你必須要念念之間開啓佛的眞知眞見，不要開的是凡夫的知見。開啓佛的知見，便是出離塵世；開了凡夫的見識，便是沉淪在世間，你如果只是很辛勞的執著在唸經，跟犛牛長尾巴一樣只是好看而已？

達曰：「若然者，但得解義，不勞誦經耶？」

師曰：「經有何過，豈障汝念？只為迷悟在人，損益由己。口誦心行，即是轉經；口誦心不行，即是被經轉。聽吾偈曰：『心迷法華轉，心悟轉法華，誦經久不明，與義作讎家；無念念即正，有念念成邪，有無俱不計，長御白牛車。』」

法達說：「雖是如此，但是了解經義後，就不用再唸經了嗎？」六祖說：「經典有什麼過錯，那裡障礙了你的念頭？因爲是迷是悟在於人自己本身，是損害還是受益也是自己造成的，口念又能實踐者，是轉法華爲己用；口念而心不去落實，便是被法華經給束縛住了。聽我偈言：『心迷昧了便被法華經給綁了，如果心是悟的便能應用法華經之法門，誦經這麼久了還不明白，是與經文奧義做仇家；不執著於念之念便是正念，有執著便會成偏邪，若能有執跟無執都沒有，就能登上佛之境地。』」

《妙法蓮華經》是鳩摩羅什於西元四〇五年譯出，成爲《法華經》流傳最廣的譯本，天台智者大師的《法華文句》及清朝龔自珍科判分爲二分（跡門及本門），依佛經一般分爲序分、正宗分、流通分三部分及審去僞經、蔓衍、雜糅之品，論述三周、三根及七譬喻之說，三周指法說周、譬喻說周、因緣說周，三根指上根、中根、下根人，七譬喻爲火宅喻、窮子喻、雲雨喻、化城喻、衣珠喻、髻珠喻、醫師喻。爲上根人法說、中根人譬說、下根人宿世因緣說，釋尊以善巧方便，爲不同根器的衆生，開示悟入佛之知見，故而六祖斥法達：「汝愼勿錯解經意，見他道開示悟入，自是佛之知見，我輩無分。」佛已成佛何需要「開」，是爲令衆生入佛知見，才有四門說法。

印度唯識學大師世親的《妙法蓮華經論》中提到：「七種喻，對治七種增上慢心。」

> 顛倒求諸功德增上慢心，求天人勝妙境界有漏，以火宅果報喻對治。
> 聲聞一向決定增上慢心，自言我乘與如來乘等，窮子喻無差別。
> 大乘一向決定增上慢心，無別聲聞辟支佛乘，雲雨喻。
> 實無謂有增上慢心，實無溺涅槃生涅槃想，化城喻。
> 散亂增上慢心，不求大乘狹劣心，寶珠喻中生虛妄解。
> 實有功德增上慢心，聞大乘法取非大乘，髻珠喻。
> 實無功德增上慢心，聞第一乘心中不取，醫師喻以為第一乘。**（註四四）**

法達提問的在唸經功德及三車有何區別用意？對照七種喻正是落於「顛倒求諸功德增上慢心，求天人勝妙境界有漏」，他認爲唸經三千部（會計數次數者便是著相太深），功德應不小，所以來禮拜六祖時，可能對不識字的六祖，有何能耐可以受他的頂禮，才會行禮時頭不至地。六祖首先點出，不管修行多久、多精進，只要有我慢之心，罪業即生。

六祖感慨世人心邪，愚迷造罪自開衆生知見，佛才以種種譬喻勿外迷著相，內迷著空，雖喻三車實爲匯聲聞、緣覺、菩薩歸一佛乘（會三歸一），只因衆生根器有別，錯認爲三乘。

這一章節法達部份，與敦煌版略有不同，此版本描述法達是帶著我慢心而來，敦煌版則無：「弟子常誦妙法華經七年，心迷不知正法之處，經上有癡。大師智慧廣大，願為除疑。」敦煌版的法達是誠心來求問，另外是只有說誦經七年，未有三千部之說。再其次是流通版的法達爲六祖唸經至譬喻品，若是只到第三品，也只有火宅喻品一種譬喻，他爲何說「縱說多種譬喻，亦無越於此。」，對照敦煌版，法達是念誦完經文一遍，六祖聽完後，對他說經中七卷儘是譬喻因緣，三乘匯於一乘及佛的一大事因緣義。所以由敦煌版的內容來看，才能符合六祖這句話。

《法華經》的核心是〈方便品〉的一佛乘及〈如來壽量品〉的佛滅度亦是方便法（若佛久住於世，薄德之人，不種善根。）再來是「十如是」，即「如是性、如是相、如是體、如是力、如是作、如是因、如是緣、如是果、如是報、如是本末究竟。」的概念來詮釋諸佛境界，若要體悟佛的開示悟入，可從這十如是去契入。

六祖點出了此經以佛一大事因緣爲開端，再以與衆生種種因緣開方便譬喻，及人人都能成佛，衆生平等，無論聲聞、緣覺二乘人、女人、惡人，只要能自覺覺他，爲衆生弘法，就可以授記成佛的思想。

聖嚴法師認爲本經所見的修行方法，共有六十個**（註四五）**，其中最普遍的是受持、讀、誦、解說、書寫。不管根性如何，依法華經而修者可得六根清淨、離苦惱、受諸佛菩薩所護念、受龍天所護法，將來可往生淨土，未來當得作佛得種種法門。

正因爲法華經有不說之說、正說之說、譬喻之說，契和三根，統攝諸經教義，故而有「經王」之稱。

法達最後名爲念經僧，此時念經已不是見六祖前的，口誦心不行。趙州禪師說：「念佛則漱口三日」，口誦心不行者，念佛易著聖相、瑞相、功德相，念佛容易但要去除形相則非常困難，所以念佛誦經好比喫茶，要用心去品嚐，不急不徐的去體會，舉下則公案來看：

❍ 吃茶去

師問二新到：「上座曾到此間否？」

云：「不曾到。」

師云：「吃茶去！」

又問那一人：「曾到此間否？」

云：「曾到。」

師云：「吃茶去！」

院主問：「和尚！不曾到，教伊吃茶去，即且置；曾到，為什麼教伊吃茶去？」

師云：「院主。」院主應諾。

師云：「吃茶去！」

這個公案套用到法達情境，問第一位新到僧人，法華經有讀過嗎？沒有。就去讀吧！問另一位僧人，讀過嗎？有讀過。有讀過就不用再讀嗎？還是要細細去研究。最後問院主，讀幾遍了？三千遍了。去把經書味道體會出來吧！

法達之後念經，便是不斷的品味經文妙義，不會再執著念經功德相了。

二、三身四智與八識

……師曰：「三身者：清淨法身，汝之性也；圓滿報身，汝之智也；千百億化身，汝之行也。若離本性，別說三身，即名有身無智；若悟三身無有自性，即名四智菩提。聽吾偈曰：『自性具三身，發明成四智，不離見聞緣，超然登佛地；吾今為汝說，諦信永無迷，莫學馳求者，終日說菩提。』」

通再啟曰：「四智之義，可得聞乎？」師曰：「既會三身，便明四智，何更問耶？若離三身，別談四智，此名有智無身。即此有智，還成無智。」復說偈曰：「大圓鏡智性清淨，平等性智心無病，妙觀察智見非功，成所作智同圓鏡；五八六七果因轉，但用名言無實性，若於轉處不留情，繁興永處那伽定。」

……六祖說：「所謂三身，是指清淨法身，也是你的自性也；圓滿報身，是你的智慧也；千百億化身，是你的行爲也。如果離了自性，更別說還有三身，也就是有假身卻無智；如果領悟三身亦不是各有自性，便是四智菩提。聽我的偈語：『自性具有三身，闡發成爲四種智慧，運用此智就不必離開所見所聞之外緣境，因爲能超越其緣境直接登入佛之境地；我今天爲你說明了，實信便永遠不會迷昧，不要學那些向外追尋的人，整天嘴吧上說菩提。』」智通再請六祖開示：「四智的義理，可否講述嗎？」六祖回答：「既然已經明白三身的含義，自然就明白四智的道理，何必還要問呢？如果離了三身，就不用談有四智了，這是因爲有聰明卻沒根本，就算有聰明但不是智慧。」六祖接著說偈：「大圓智鏡是自性清淨，平等性智是心念無病端，妙觀察智是所觀察之見地不是爲了利益，成所作智是所行所作皆爲呼應大圓智鏡；五八識果地與六七識因地之轉化，這些有名的言句與自性實性無關，但只要在相互轉化之時不留情識，便能大顯恆久的龍定之中。」

這段是智通請教《楞伽經》中三身四智的意思，六祖除了回答了三身四智，也解釋它與八識的關聯。

在佛陀時期，只有談論六識的作用，八識的論說則是在佛滅後的部派中，逐漸發展出的理論，最後由唯識學派將之統合，提倡八識爲的是要能圓滿解釋三世因果、業力如何相襲而成。其實不只是佛教有這類問題，基督宗教也是如此，都是爲了能將矛盾的教義合理化，因而發展出新的「教義」，例如佛教的「八識」，及基督宗教的「三位一體」（註四六）。

六祖在末尾說的「五八六七果因轉，但用名言無實性，若於轉處不留情，繁興永處那伽定。」在坊間所看的解釋，都是將八識與三身四智給聯結上，並還有將八識的第八識阿賴耶識及第七識的末那識，定義成可以轉識成智（佛及阿羅漢智），六祖認爲這些所謂的五八六七識的果因間轉化，只是名相論述而已，跟三身四智的實性上是無關的，若要用這些論述來轉化，就不要去著了文字名相。

爲何三身四智與八識不能相聯結？這裡來分別比擬一下：

三身是法身、報身及千百億化身。四智是大圓智鏡、平等性智、妙觀察智及成所作智。若用其它的術語，三身是「體用」或「體、相、用」，法身是本體或自性、佛性，祂是本自清淨，本自俱足，無形無相……。用一個「大圓智鏡」來比擬，是很接近的，尤其是用「大、圓、智」來形容這面鏡子，就如同用「摩訶、般若」一樣，用點想像力來看，有一面光潔無瑕的鏡子，如果未映照出事物時，是發覺不到祂的存在，發覺得到的是祂上面所映照的事物，我們是藉映照的事物而察覺到祂的存在，這就是藉「報身」而察覺到「法身」的存在，法身無善無惡，對境而映照，用「清」與「淨」來描述祂，因爲清淨，所以映照的事物是完整無瑕的，是平等無二的（平等性智），「報身」就是同原鏡中映照事物，例如洞山良价禪師，過水睹其影而悟，就是見報身如見自性法身，而實際上看到的是報身（影子）而不是法身。報身是平等不二的，是從法身所出（映照）的，法眼文益稱祂爲「流出慈悲喜捨」**（註四七）**又比方說，我們是看不到自己的樣貌，所以要照照鏡子才能知道「面容」如何，如果鏡子有污漬、不淨，我們會誤以爲面容有髒污，實則是鏡子的問題，意思是有雜念而干擾到自性本體的示現，鏡子如果潔淨無瑕，則反照出的面容與我們眞實容貌相同，但相似卻又不同，因爲我們舉右手時，鏡中的我卻是舉左手，所以鏡中的我，是反照出本性之我，若不透過假我則不能體察到眞我。

故，藉報身而察覺到法身的存在，也就是藉「相」而知有「體」，若無接續出「千百億化身」，就是有「體」而沒有「用」。

佛家有語：「千江有水，千江月。」這是千百億化身的一個寫照，中庸的「率性」亦是這個意思。我們的「報身」顯現時，例如祂的樣貌是「慈悲心」，接下來所用的「智」是屬於人世間所學習而來的技能（知識、學問、技巧等等），應用這些技能來思索如何達成、滿足「慈悲心」，稱做「妙觀察智」是因爲一切智不是出於私心、利益，是呼應「報身」，也就是其源頭「法身」，所以，當完成該有的作爲後（成所作智），祂也就是如同大圓智鏡所要映照的結果（成所作智同圓鏡）。

舉個例子來說明：有一人，走在街上，見一乞兒，心忽生可憐之感（報身顯現），然後思維如何幫助此乞兒離苦得樂（妙觀察智），直接施予財物，助學習技藝或是將其困境發佈給大眾知悉，引起大眾之關注，並讓大眾響應出力（千江有水千江月），因爲大眾皆是呼應自己的「報身」，所以源出同一自性「法身」，如同一佛之千百億化身。

以上可以明瞭，三身四智的體現，都無「識心」在作用，八識中的第八識「阿賴耶識」，是指「含藏種子」，因地藏種果地生，且有善有惡，依過去世的因而有今世的果，是解釋了業力的相續及因果的報應，但指涉是大圓智鏡，是很牽強的。大圓智鏡不因業力，不受因果，祂不曾生也不曾失去，所以八識田是雜染還是清淨，都與祂存在與否無關。筆者認爲牽強，是因爲其它「識」還可以相聯結，一般用第六識來表示妙觀察智，及第七識表示平等性智，是勉強可以用來比擬義理上的解釋。第七識末那識指「細密意識」，有人稱潛意識，潛意識筆者認爲偏了一些，「細密意識」則恰如其意，像慧安國師對坦然及懷讓二人說的「當觀密作用。」這密作用是「我有時教伊揚眉瞬目，有時不教伊揚眉瞬目，有時揚眉瞬目者是，有時揚眉瞬目者不是。」（註四八）或是巖頭全奯禪師側身問：「是凡？是聖？」的「側身」含意（註四九）。前面提到法眼文益說的「流出慈悲喜捨。」慈悲心是一個很明顯的感受（像身上起了化學作用），祂已不是細微的感受，所以才用「流出」表示在明顯的感受生起之前，這跟密意識的意思相接近。不用「潛意識」是因爲它通常含有心理學的觀點，例如兒童時曾有過的遭遇，在年長時會有不自覺的反應，這跟我們要探討的自性源頭不同。

最後提第六意識，普遍說法是來指揮前面的眼、耳、鼻、舌、身五識都聽話，叫成所作智。這說法筆者認爲是顛倒了，大圓智鏡是因五官所映照成境（五八果），再經七識流出（六七因），再由第六識去與五識合作完成。所以是五八要轉六七，若五識直接通六識，會因習氣雜染而有所偏差，這時戒律就很重要了。

三、生滅滅已，寂滅爲樂

僧志道，廣州南海人也，請益曰：「學人自出家，覽涅槃經，十載有餘，未明大意，願和尚垂誨。」

師曰：「汝何處未明？」

曰：「諸行無常，是生滅法，生滅滅已，寂滅為樂；於此疑惑。」師曰：「汝作麼生疑？」

曰：「一切眾生，皆有二身；謂色身、法身也。色身無常，有生有滅；法身有常，無知無覺。經云：『生滅滅已，寂滅為樂』者，不審何身寂滅？何身受樂？若色身者，色身滅時，四大分散，全然是苦，苦不可言樂。若法身寂滅，如同草木瓦石，誰當受樂？又，法性是生滅之體，五蘊是生滅之用；一體五用，生滅是常；生則從體起用，滅則攝用歸體。若聽更生，即有情之類，不斷不滅；若不聽更生，則永歸寂滅，同於無情之物。如是則一切諸法被涅槃之所禁伏，尚不得生，何樂之有？」

有一位法號志道的僧人，廣州南海人，來向六祖請益：「學人出家後閱讀涅槃經已十多年了，一直不明白經文大意，祈求六祖教誨於我。」六祖問：「你那裡不明白？」回：「諸行無常，是生滅法，生滅滅已，寂滅爲樂；這四句話讓我疑惑。」六祖說：「你疑惑的地方在那？」志道回：「所有的衆生，都有二個身，一個是色身肉體，另一個是法身。色身肉體是無法恆常不變的，有生就會有滅；法身是恆常不變的，無智無覺。經上說：『生滅滅已，寂滅爲樂』的意思，不知道是那一個身寂滅？那一個身得樂？如果說是色身，色身消滅時，是四大分散，只有是苦，而有苦就不能說有樂。如果是法身寂滅了，就跟草木瓦石一樣無情，又是那一個在樂？再說，法性是生滅之本體，五蘊是生滅的作用；一個本體有五種作用，生滅是恆常之事；生則是從本體而有作用，滅又是把用回歸到本體。如果像聽說的輪迴復生之說，那有情衆生就不會斷絕也不會有滅之事；若沒有輪迴復生之說，則永遠歸於寂滅了，跟無情之物一樣。如此一來所有法門的義理，都被涅槃經這句話給束縛住了，如果不能有生，那還有什麼是樂呢？」

師曰：「汝是釋子，何習外道斷常邪見，而議最上乘法？據汝所說，即色身外別有法身，離生滅求於寂滅；又推涅槃常樂，言有身受用，斯乃執吝生死，耽著世樂。汝今當知，佛為一切迷人，認五蘊和合為自體相；分別一切法為外塵相。好生惡死，念念遷流，不知夢幻虛假，枉受輪迴，以常樂涅槃，翻為苦相，終日馳求；佛愍此故，乃示涅槃真樂。剎那無有生相，剎那無有滅相，更無生滅可滅，是則寂滅現前，當現前時，亦無現前之量，乃謂常樂。此樂無有受者，亦無不受者，豈有一體五用之名？何況更言涅槃禁伏諸法，令永不生，斯乃謗佛毀法。聽吾偈曰：『無上大涅槃，圓明常寂照，凡愚謂之死，外道執為斷。諸求二乘人，目以為無作（註五十），盡屬情所計，六十二見本（註五一）。妄立虛假名，何為真實義？惟有過量人，通達無取捨。以知五蘊法，及以蘊中我，外現衆色像，一一音聲相；平等如夢幻，不起凡聖見，不作涅槃解，二邊三際斷。常應諸根用，而不起用想，分別一切法，不起分別想。劫火燒海底，風鼓山相擊，真常寂滅樂，涅槃相如是。吾今強言說，令汝捨邪見，汝勿隨言解，許汝知少分。』」志道聞偈大悟，踴躍作禮而退。

六祖說：「你是佛門弟子，怎麼去學外道人的論斷論常之歪理，來評論最上乘法？跟據你所說的色身肉體外還有一個法身，這法身可以離開生滅而求得寂滅；又推論涅槃境界是恆常之樂是有一個身可以去享用，你這是執著不捨生死，沈溺於世俗般的享樂。你要知道，佛為了所有迷昧的人，他們錯認五蘊和合是本體之相；將所有法門認為是外在可得的塵緣想。喜歡生討厭死，念頭一直在流動著，而不知道這些都是虛假不實的，因此一直在生死輪迴中，將常樂涅槃想成是有可享用的苦相，還終日去營求；佛因此而憐憫世人，開示涅槃眞樂之眞實義。只要在任何念頭的刹那之間沒有生也沒有樂的念想，連有沒有生滅的念想也沒有，這就處在寂滅當下，連這個當下也沒有就是常樂。這個樂沒有受與不受那裡還有一體有五用呢？更何況還說涅槃將所有法都束縛住了，認為涅槃就是不再有生，你這是在毀謗佛法。聽我的偈語：『無上大涅槃法，圓明之光常寂照著，凡夫愚人說是死亡，外道之人說是斷絕。聲聞及緣覺二乘人所追求的，認為是無作見法，這些人都是受有、無情的識見所執，也就是六十二種邪見。虛妄的立些假名，那個才是眞實的呢？只有非常之人，才能通達要不取不捨涅槃。以智慧觀照五蘊是方便法，及在五蘊纏繞中的自性，是祂所呈現種種外相及聲音；是平等不二又不執有般的虛假，不會有聖凡的識見，也不當作是涅槃來解，有、無、過去、現在、未來都滅斷。常映照到六根上起用，但又不會有作用的念頭，也不去分別是什麼法，甚至連不去分別也沒有思量。就算是大劫來把須彌山四周大海燒乾，大風把山吹倒了也處在眞常寂樂中，便是涅槃之相也。我今天只是勉強用語言來說，為了讓你捨去偏見，你不要只照我的話頭上去求解答，這樣才能讓你體會到一點。志道聽了偈語而大徹大悟歡喜的跳躍著禮謝後退下。』」

志道的疑問，也是修行人常有的識見，志道在研讀經文時，發現與平時所建構的義理相矛盾，例如這句：「生則從體起用，滅則攝用歸體。」這句話與「一本散萬殊，萬殊歸一本。」或「萬法歸一，一歸何處？」一樣。當時學人最終還是會卡在一個基本問題，到底「道」的原點是什麼？每當好像應該是想通了，可是一碰到很簡單的問句，卻又茫然不知，如此一而再的尋尋覓覓，覺得自己是不是存有不知的病端？

僧問：「學人通身是病，請師醫。」

師曰：「不醫。」為什麼不醫？

師曰：「教汝求生不得，求死不得。」

這是僧人請曹山本寂禪師開示，曹山的「要你求生不得，求死不得」，就是正在醫他。《涅槃經》緣起是佛將入涅槃，佛要諸天人衆，若有疑當速來請問，諸天人衆等哀求佛住世，及疑入涅槃卽是如燈滅，佛因而爲大衆說常、樂、我、淨眞實義，及「佛身常住」、「悉有佛性」兩個重點。在過往佛皆說常非常、空非空等義，現卻說有常爲眞常，世尊爲了調伏諸衆生，善於分別對方能否消化，而說諸法無我無常，佛陀以乳爲喻：比如從牛出乳、從乳出酪、從酪出生酥、從生酥出熟酥、從熟酥出醍醐，醍醐是最上。譬如人有生老病死，正如佛今日現涅槃一樣，人天大衆不明佛爲何不能住世一劫半劫？佛說生老病死等是無常，故也是有常，因爲必有生老病死等無常，佛入涅槃亦是有無常涅槃，但並非一切滅絕，佛疼愛一切眾生如同親生，若不示現無常生滅，就不能使眾生歸正，所以如生老病死般的一切無常，皆是「眞常」，凡夫雖然可以消除煩惱，但是消除後又要生起，所以叫無常。如來是滅後不生所以叫常。如來所至之處爲沒有窮盡之處。如果無盡也就知道如來的壽命也會無盡。自見佛性的曰常，行於萬法諸相曰無常，未見自性而見萬法諸相則執於無常，見自性者見萬法諸相知是眞常。通達諦觀眞常，不因如來有生滅斷見無常觀，如來示現涅槃，乃眞常，故，非苦於涅槃爲滅，是爲眞樂。因未自見佛性而言法身寂滅如同木石，法身眞常、眞樂，示滅相非有滅盡，佛隨順因緣而示常與無常，因眾生煩惱降伏又煩惱生，故以無常法說，煩惱滅盡不再有生，故以常法說。凡夫見常法總生種種念，將常樂涅槃翻作苦相。

隨著因緣，在眾生應該接受度化的地方，如來在那裡示現受生，雖然示現受生其實沒有受生，所以如來是常住法。

> 崔郎中問：「大善知識還入地獄也無？」
> 云：「老僧末上入！」
> 崔云：「既是大善知識，為什麼入地獄？」
> 師云：「老僧若不入，阿誰教化汝！」

崔郎中問趙州和尚，大善知識者爲什麼還會入地獄？正因爲是大善知識，才會隨順眾生的因緣而去地獄。

趙州問：「和尚百年後向甚麼處去？」

師云：「山下作一頭水牯牛去。」

州云：「謝師指示。」

師云：「昨夜三更月到窗。」

趙州和尚問快要辭世的南泉普願禪師，百年後會轉生到何處？普願禪師回答，到山下去做一頭牛去。趙州和尚謝謝師傅指示，趙州其實也是代眾生謝謝，感謝普願禪師不捨眾生，隨順眾生因緣而伴陪在四生六道之中。

溈山上堂云：「老僧百年後，向山下作一頭水牯牛。左脅下書五字，曰：『溈山僧某甲。』當恁麼時，喚作溈山僧又是水牯牛，喚作水牯牛又是溈山僧。畢竟喚作甚麼即得？」

溈山禪師的涅槃是成爲水牯牛，不是什麼了不起或不可思議的世界，但成了一頭牛，就不再是溈山了嗎？

宋朝嚴蕊的《卜算子》是一首很有禪味的詞：

不是愛風塵，似被前緣誤。花落花開自有時，總賴東君主。

去也終須去，住也如何住！若得山花插滿頭，莫問奴歸處。

山花插滿頭指的是墳頭，世間一切皆緣起緣滅，願意也好不願意也罷！都只能隨順因緣。

若以科學理論來看涅槃，倒是有些符合，世上之物皆是基本粒子組成，所以人人本質相同，甚至物物皆同，雖然形態改變、分解，仍不失其本質，且其作用存在不滅，例如被植物，生物吸收成爲它們的一體，也許歷經久遠時光，又重新組合在一起，就像轉世重生一樣。所以世間事物均具有、無及非有、非無，就像我們身上的細胞物質，是吸收它物的物質而成的，所以我們的身體是我們的還是它物的？科學理論對物質現象解釋有其優越之處，但無法解釋形而上的層次。

本章志道所疑惑的，正是涅槃經中許多疑問點相同，都礙於物質上的滅斷，這裡嘗試作一個描述：佛在久遠前已成佛，爲因應衆生而來往於人、天乃至四惡趣生，雖是衆生一樣，歷經無常的生死、苦惱、妄想、修行、悟道等過程，皆是示現予衆生，有生死故衆生畏生怕死而求出離生死，有苦惱故衆生求清淨，有妄想執著故修空觀，修行苦而入其樂，見自性而度衆……如此無有盡頭，故無終始，涅槃卽是每個階段相續而成，故而眞常。每當自見自性，卽是離苦而眞樂。雖每每流浪於四生六道中，但都不失其自性，故而眞我。如此如來如去，不染一塵一物，故而眞淨。佛於生死輪轉中，示現諸法是爲應衆生而生，包括涅槃也是，就好比說有些志工社團，有能力的人往往被賦與較多的工作，因此出現閒的人很閒，忙的人非常忙，閒的人不是沒才能，只是尚未發掘而已，如果有才幹著進入涅槃（不是死亡），自然會有人被激發出才能。所以諸行無常，是生滅法，以無常之法滅無常心。當衆生生滅滅已，便是同佛一樣，寂滅爲樂。

是眞常還是無常，只要不執守在「眞、無」之上，說眞常也對，說無常也對，在〈頓漸品第八〉中，僧志澈問「常」與「無常」義，六祖便回答義理上的「常」與「無常」義，而不是經典文字上的答案。志澈也才領悟到，佛所說的常與無常，是因應外道對常與無常有了邪見，才立種種方便說法。像馬祖道一禪師，初時接引衆生用「卽心卽佛」，等到衆生對卽心卽佛有了種種觀想後，又改說「非心非佛」。

四、殺人刀活人劍

垂示云：「殺人刀活人劍，乃上古之風規，亦今時之樞要。若論殺也，不傷一毫；若論活也，喪身失命。所以道：向上一路，千聖不傳，學者勞形，如猿捉影。已道既是不傳，為什麼卻有許多葛藤公案？具眼者，試說看！」

舉僧問洞山：「如何是佛？」山云：「麻三斤。」

這個公案，多少人錯會，直是難咬嚼，無爾下口處。何故？淡而無味。古人有多少答佛話，或云「三十二相」，或云「杖林山下竹筋鞭」，及至洞山卻道「麻三斤」，不妨截斷古人舌頭。（碧巖錄第十二則）

禪師在接引學人時，用強奪、不許之方式，喻爲殺人刀；給、允之方式，喻爲活人劍。大慧宗杲說：「殺人自有殺人刀，活人自有活人劍。有殺人刀無活人劍，一切死人活不得；有活人劍無殺人刀，一切活人死不得。死得活人，活得死人，便能刮龜毛於鐵牛背上，截兔角於石女腰邊。」這些說法強調禪師必需具有活用機竅的能力，才能立斷煩惱絲，乍見自性源頭。禪宗公案中除了用刀、劍來比喻手段的利落，還有用「能縱能奪，能殺能活」。

（趙州）又到一庵主處，問：「有麼？有麼？」主亦豎起拳頭。

師曰：「能縱能奪，能殺能活。」便作禮。（趙州語錄）

……舉藥山因遵布衲作殿主，浴佛次，乃問曰：「汝只浴得者箇，還浴得那箇麼。」

遵曰：「把將那箇來。」山休去。

師曰（徑山禪師）：「藥山能縱不能奪。布衲能奪不能縱。總未具超宗眼在。」（續指月錄）

禪師們是如何縱？如何奪？如何殺又如何活？碧巖錄第十二則，宗門具眼者來判斷洞山這句「麻三斤」是如何斷人舌頭？圓悟克勤的評唱「直是難咬嚼，無爾下口處。何故？淡而無味。」因爲人們的識見是一切好相、光明閃爍、不可思議境界等等，突然要你去嚼個麻三斤，便斷了一切好相，斷了之後呢？學人就必須要有個「什麼」來填補進去，這時就看他能活不能活。

徑山禪師評論藥山與布衲和尚二人的機對，藥山能縱不能奪；布衲能奪不能縱。藥山藉浴佛事問布衲自性有淨嗎？這對未見性者而言，是引導外在浴佛相轉化成內省自性，藉事相來「縱」，但布衲的回答「把將那箇來。」就是「奪」了藥山的自性之相，藥山於是接不下去。

疏山匡仁禪師，有僧為師造壽塔畢，白師。

師曰：「將多少錢與匠人？」

曰：「一切在和尚。」

師曰：「為將三錢與匠人，為將兩錢與匠人，為將一錢與匠人？若道得，與吾親造塔來。」僧無語。

後僧舉似大嶺庵閑和尚。

嶺曰：「還有人道得麼？」

僧曰：「未有人道得。」

嶺曰：「汝歸與疏山道，若將三錢與匠人，和尚此生決定不得塔。若將兩錢與匠人，和尚與匠人共出一隻手。若將一錢與匠人，累他匠人眉鬚墮落。」

僧回如教而說。師具威儀望大嶺作禮，嘆曰：「將謂無人，大嶺有古佛放光，射到此間。雖然如是，也是臘月蓮花。」

大嶺後聞此語，曰：「我恁麼道，早是龜毛長三尺。」（註五二）

這則公案重點在「兩錢與匠人，和尚與匠人共出一隻手。」只要回這句就不會「龜毛長三尺」太多話了！也不至於能縱不能奪，能活不能殺。

接下來看壇經中這二則的縱奪殺活：

……行思禪師，生吉州安城劉氏，聞曹溪法席盛化，徑來參禮，遂問曰：「當何所務，即不落階級？」

師曰：「汝曾作甚麼來？」

曰：「聖諦亦不為。」

師曰：「落何階級？」

曰：「聖諦尚不為，何階級之有？」師深器之，令思首眾。

一日，師謂曰：「汝當分化一方，無令斷絕。」思既得法，遂回吉州青原山，弘法紹化，諡弘濟禪師。

……行思禪師俗姓劉，吉州安城（江西安福）人，聽到曹溪六祖大弘佛法，學人大德輩出，遂來參叩禮問，見到六祖便問：「應該要修什麼，才不會落於階層次第之中？」六祖問：「你曾修什麼法呢？」行思回：「聖諦法也不去修。」六祖問：「那不修聖諦是落在那層級中？」行思回：「聖諦都不修了，那有什麼層級呢？」六祖聽了對他非常器重，之後讓他擔任首座弟子，數月後又令他：「應當去分化一方去，不要讓心法斷絕了。」行思得衣法後就回到吉州的青原山，弘法度化，圓寂後朝庭諡號弘濟禪師。

……永嘉玄覺禪師，溫州戴氏子。少習經論，精天臺止觀法門，因看維摩經，發明心地。偶師弟子玄策相訪，與其劇談，出言暗合諸祖。

策云：「仁者得法師誰？」

曰：「我聽方等經論，各有師承；後於維摩經，悟佛心宗，未有證明者。」

策云：「威音王已前即得，威音王已後，無師自悟，盡是天然外道。」

曰：「願仁者為我證據。」

策云：「我言輕，曹溪有六祖大師，四方雲集，並是受法者，若去，則與偕行。」

覺遂同策來參，繞師三匝，振錫而立。

師曰：「夫沙門者，具三千威儀，八萬細行；大德自何方而來，生大我慢？」

覺曰：「生死事大，無常迅速。」

師曰：「何不體取無生，了無速乎？」

曰：「體即無生，了本無速。」

師曰：「如是！如是！」

玄覺方具威儀禮拜，須臾告辭，師曰：「返太速乎？」

曰：「本自非動，豈有速耶？」

師曰：「誰知非動？」

曰：「仁者自生分別。」

師曰：「汝甚得無生之意。」

曰：「無生豈有意耶？」

師曰：「無意誰當分別？」

曰：「分別亦非意。」

師曰：「善哉！少留一宿。」時謂一宿覺。

……永嘉玄覺禪師，溫州戴家子弟，年少時就研習經論，對天台宗的止觀法門特別精通，後來因看維摩詰經而明心見性。在偶然機緣下遇到六祖的弟子玄策禪師，二人暢談佛理，玄策覺得他所論之義與歷代祖師非常相似，於是玄策便問：「您的佛法是跟那位老師學的？」玄覺回：「我以前聽學方等經，是許多法師各有各的見解師承，但之後是因看了維摩詰經，而領悟到佛門心宗法要，不過沒有人能幫我印證。」玄策說：「如果是在空劫第一佛威音王佛之前說悟了便是悟了，但在威音王佛之後說自己悟了，恐怕是外道所說。」玄覺說：「你可以幫我印證嗎？」玄策說：「我能力有限份量也不足，但曹溪有六祖大師說法，四方各地的學人齊聚一堂，且六祖也是受五祖之衣法的，你若願意前去我願陪你同行。」玄覺於是與玄策一同來參問六祖，見了六祖玄覺依佛規禮節繞六祖三匝，但卻未頂禮而是振動錫杖站立不動。六祖見了便說：「出家之人應具有三千威儀八萬微細行儀，大德你來自何方，竟有如此大的我慢心？」玄覺說：「生與死之間的無常是如此的瞬間到來。」六祖說：「那你爲何不去體悟無有生死，了斷無常迅速之意呢？」玄覺說：「體悟了，就沒生死了也沒無常迅速了。」六祖聽了說：「正是！正是！」玄覺這時才具足威儀禮拜六祖，不久便向六祖告辭，六祖說：「太快走了吧！」玄覺說：「自性何曾有動，那有快不快呢？」六祖說：「那是誰在知道動不動呢？」玄覺說：「是您在分別動不動。」六祖說：「你眞的體悟到無生的眞實意。」玄覺說：「無生那有什麼眞實意？」六祖說：「那又是誰在分別有意無意？」玄覺說：「分別不是有分別意。」六祖說：「太好了！你就留住一夜好了。」因這緣故當時玄覺被人稱爲一宿覺。

在壇經這二則公案，可以體會六祖與弟子間的刀光劍影，相互捉殺的情形，行思禪師一出手便是無解話頭，「有爲」便一定會落階層次第，所以問有爲「什麼」會無階梯可落？六祖跳開話頭反問那你「有爲」了「什麼」？行思若回了任何法，便落入了階層之間，這時六祖便會出刀斷見，不過行思也沒落入圈套，回了有次第修行的四聖諦法也不去爲，不爲就無次第了。六祖再試探，「不爲」是什麼階層？行思回：都不爲了還有什麼階層？行思應機能力，讓六祖無法出刀殺奪，所以深爲器之，不多久也讓他去分化一方，擔負起度化衆生的使命。

玄覺禪師一開始，讓六祖印可他已見性，深明自性本無念、無相、無住。後要離去時，因六祖一句關心的話，而引起雙方互逗機鋒，若一方反應不夠快，會反被奪殺。六祖一句走快了，玄覺便「縱」什麼在動與不動？六祖不回反問又是什麼在有動與不動之念呢？若玄覺回自性本不動，這類標準答案，就會給六祖殺奪，而玄覺卻不回自性，而是回了類似當年，六祖對二僧論風動幡時的仁者心動。六祖讚他時不小心說了「汝甚得無生之意」，結果反讓玄覺殺奪。

藥山惟巖禪師在石頭希遷及馬祖道一禪師處得悟後，對這二位大師所示的機鋒評價是：「這是直指人心，見性成佛的榜樣。這裏有殺有活，有縱有奪。我宗須具這手段，方纔得爲人。」宗門禪師必須具有這般手段及靈活運用殺人刀；活人劍才能有縱有奪，自在快活。如果未具這般手段呢？在〈附囑品第十〉中，六祖有教弟子們一個公式：

……吾今教汝說法，不失本宗，先須舉三科法門，動用三十六對，出沒即離兩邊，說一切法莫離自性。忽有人問汝法，出語盡雙，皆取對法，來去相因，究竟二法盡除，更無去處。

六祖對其門下十弟子，教他們將來如何與學人機鋒轉化，不管什麼人來提問或所著的識見，都不離這三科三十六對，只要能引出對方的識見，便能以相對應的機對來斷。從前二則行思及玄覺禪師例子，因爲都不著有相，所以六祖才無下刀之處可下，下一品神會的見與不見，就可以發現六祖縱放出神會的生滅法，然後使之瞭解到他只是「知道」而未「見道」，所以是在賣弄嘴皮子而已。

頓漸品第八

一、戒定慧法

時祖師居曹溪寶林，神秀大師在荊南玉泉寺。於時兩宗盛化，人皆稱南能北秀，故有南北二宗頓漸之分，而學者莫知宗趣。師謂眾曰：「法本一宗，人有南北；法即一種，見有遲疾。何名頓漸？法無頓漸，人有利鈍，故名頓漸。」然秀之徒眾，往往譏南宗祖師：「不識一字，有何所長。」秀曰：「他得無師之智，深悟上乘，吾不如也。且吾師五祖親傳衣法，豈徒然哉？吾恨不能遠去親近，虛受國恩。汝等諸人，毋滯於此，可往曹溪參決。」乃命門人志誠曰：「汝聰明多智，可為吾到曹溪聽法；汝若聞法，盡心記取，還為吾說。」志誠稟命至曹溪，隨眾參請，不言來處。時祖師告眾曰：「今有盜法之人，潛在此會。」志誠即出禮拜，具陳其事。師曰：「汝從玉泉來，應是細作。」對曰：「不是。」師曰：「何得不是？」

對曰：「未說即是，說了不是。」師曰：「汝師若為示眾？」對曰：「常指誨大眾，住心觀靜，長坐不臥。」師曰：「住心觀靜，是病非禪；長坐拘身，於理何益？聽吾偈曰：『生來坐不臥，死去臥不坐；一具臭骨頭，何為立功課。』」志誠再拜曰：「弟子在秀大師處學道九年，不得契悟；今聞和尚一說，便契本心。弟子生死事大，和尚大慈，更為教示！」

當時六祖居在曹溪寶林寺，神秀大師在荊南（江陵當陽山）玉泉寺。當時南北兩宗非常興盛，世人稱爲南能北秀，因而有南北二宗之頓漸法門之分，而學人都不知這二宗門旨趣。六祖告訴大家：「法本來只有一宗，是人才有南北之分；法只有一種，是見道有快慢而已。什麼是頓漸？法並沒有分頓漸，是人根性有利與鈍，才有頓漸之名稱。」然而神秀的門徒，往往會譏諷南宗六祖不認識文字，能有什麼長才？神秀說：「他有無師指導而開悟之智，深悟上乘佛法，我不如他也，而且我的老師五祖親自傳他衣法，難道是沒道理的？我恨自己不能親身去接近求法，無奈國家禮遇使然。你們大家不要在這停滯住了，可以去曹溪參問決疑。」因此命令門人志誠說：「你聰明又多智，可幫我到曹溪去聽法；你如果聽到什麼法，儘量記起來，回來時再跟我說。」志誠領命便到了曹溪，跟隨大眾一起參拜請問，但不說明自己是從那來的。這時六祖告訴大眾：「今天有盜法之人，潛藏在大會之中。」志誠聽了就出列向六祖禮拜，並將來此的緣由做稟報。六祖說：「你從玉泉寺來，應該是探子。」志誠回答：「不是的。」六祖說：「爲什麼不是？」志誠回說：「沒有交待才是，交代了就不是。」六祖問：「你的老師如何開示大眾？」志誠回答：「常教誨我們將心守住觀察是否有靜，要長坐修煉不要臥睡。」六祖說：「這種守住心觀察靜，是修禪之病端不是禪定；長坐而侷限了身體本有的需求，有什麼道理和益處呢？聽我的偈語：『人生來是該坐時才不臥，死了後才是只能臥著不能坐；身體只是一具臭骨頭，爲何要爲了它來下功夫。』」志誠聽了對六祖再次禮拜說：「弟子在神秀大師處，學道九年了，始終不能契悟；今天一聽和尚這一說，便契合我的心。弟子的生死大事，望和尚大慈，爲我再教誨啓示！」

師曰：「吾聞汝師教示學人戒定慧法，未審汝師說戒定慧行相如何？與吾說看。」誠曰：「秀大師說，諸惡莫作名為戒，諸善奉行名為慧，自淨其意名為定，彼說如此，未審和尚以何法誨人？」師曰：「吾若言有法與人，即為誑汝。但且隨方解縛，假名三昧。如汝師所說戒定慧，實不可思議也，吾所見戒定慧又別。」志誠曰：「戒定慧只合一種，如何更別？」師曰：「汝師戒定慧，接大乘人；吾戒定慧，接最上乘人。悟解不同，見有遲疾；汝聽吾說，與彼同否？吾所說法，不離自性；離體說法，名為相說；自性常迷，須知一切萬法，皆從自性起用，是真戒定慧法，聽吾偈曰：『心地無非自性戒，心地無痴自性慧，心地無亂自性定，不增不減自金剛，身去身來本三昧。』」誠聞偈悔謝，乃呈一偈曰：「五蘊幻身，幻何究竟？迴趣真如，法還不淨。」師然之。

六祖說：「我聽說你的老師在教人戒定慧法，不曉得你的老師所說的戒定慧是什麼樣子？跟我說看看。」志誠回：「神秀大師說所有惡的事都不能作就是戒，所有的善事都要去行就是慧，把自己心念澄淨就是定，他是這樣說的，不曉得和尚您用什麼法來教誨於人？」六祖說：「我若說有什麼法可以教人，就是欺騙你了。只是隨對方根機疑點去解開，假托一個三昧之名。照你老師所說的戒定慧法，眞的很不可思議，但我對戒定慧是另有看法。」志誠說：「戒定慧只有一種，怎麼會有另一種？」六祖說：「你的老師說的戒定慧，是接引大乘根性人；我的戒定慧，是接引最上乘根性人。悟解能力不同，得見速度有遲有快；你聽我說看看與你老師說的是否相同？我所說法，是不離自性；離了自性而說的法，便是有形相來說；心念常常迷昧（原文自性常迷應是誤植，敦煌版無這一段），須知道所有法門，都是從自性而生起作用，才是眞的戒定慧法，聽我的偈語：『心地無是非念頭便是自性戒，心地無愚痴念頭便是自性慧，心地無紊亂念頭便是自性定，自性是如金剛般的不增不減，在身上應用的來去自如的是本性三昧。』」志誠聽了此偈懺悔感謝，也呈上一偈語：「五蘊假合幻化在身上，要如何看透這幻化呢？只要迴向如如本體，法用後卽還無有不淨。」六祖認可他所說的偈。

復語誠曰：「汝師戒定慧，勸小根智人；吾戒定慧，勸大根智人；若悟自性，亦不立菩提涅槃，亦不立解脫知見。無一法可得，方能建立萬法；若解此意，亦名佛身，亦名菩提涅槃，亦名解脫知見。見性之人，立亦得，不立亦得，去來自由，無滯無礙；應用隨作，應語隨答；普見化身，不離自性，即得自在神通，遊戲三昧；是名見性。」

六祖又對志誠說：「你的老師所說的戒定慧，是勸小根智人；我的戒定慧，才是勸大根智人；如果能體悟到自性，就不用立個菩提涅槃名稱，也不用立個解脫知見的說法。唯有無一法可得到，才能建立萬法；如果能瞭解這個意思，也可稱做是佛身，也可是名爲菩提涅槃，甚至是解脫知見者。見性的人，立名稱可以得，不立名稱也是可以得，是來去自如，沒有遲滯與阻礙；應用自在隨緣而作，應機而語隨緣而答，普遍呈現變化身份一樣，但又都不離自性，便是自在神通，遊戲三昧；這就是見性。」

志誠再啓師曰：「如何是不立義？」

師曰：「自性無非、無痴、無亂；念念般若觀照，常離法相，自由自在，縱橫盡得，有何可立？自性自悟，頓悟頓修，亦無漸次，所以不立一切法。諸法寂滅，有何次第？」志誠禮拜，願為執侍，朝夕不懈。

志誠再次問六祖：「什麼是不立的含義？」六祖說：「自性本是無有是非、愚痴、紊亂；念念之間是般若來觀照，常離開法的形相，自由自在，上下十方都能得用，還有什麼名目須要立呢？自性是要自己體悟，頓悟便能頓修，沒有漸修或次第順序，所以是不立任何法門，所有法都是將空寂滅去，有什麼次第呢？」志誠禮拜六祖，並願意在六祖身邊，早晚服侍不懈怠。

神秀所說的戒定慧是「諸惡莫作名爲戒，諸善奉行名爲慧，自淨其意名爲定。」六祖聽了說「實不可思議」，因爲神秀說的層次眞的很不簡單，能戒斷一切惡，能行一切善法，又能不受「莫作、奉行」而起心動念或分別善惡。對於有志於大修行者而言，確實是很不可思議的功夫。有一次唐肅宗問慧忠禪師在曹溪處得何法？慧忠回：「陛下有看見天上的一片雲嗎？」肅宗回：「看見。」慧忠問：「是不是鐵釘釘的掛著？」是啊！雲爲何還不飄走？念頭爲何不能消失？除念眞的不是一件容易的事。

六祖的最上乘人則不在有爲與不爲，能一切不離自性者，自能生一切萬法而爲之，也無諸惡要去戒，所以，神秀的戒定慧還是得依戒定慧法相去修，由這也可明白，神秀還是趣向於「時時勤拂拭」的層次，修行方法除了上述的「莫作、奉行、淨意」戒定慧法外，還有「住心觀淨，長坐不臥」的禪定解脫，執守在意念（念頭）上的淸淨，未能體悟到自性的層面，也就是未能體會「長空不礙白雲飛」。六祖的偈語很直接明白的道出，神秀還是在臭皮囊上的修持。

在當時代，神秀確是深受國恩（名聲所縛），不能千里迢迢，紆尊降貴，親赴嶺南求法，這點與他如此勇猛精進為法忘軀，應該是可以捨去一切的人，好像有點可惜？另外可惜的是，就算他真的不能去曹溪，還是可以求教於其他開悟的大師，例如有嵩嶽的慧安國師，地位相當不會有紆尊降貴的問題，慧安國師一句話就讓坦然及懷讓二人開悟，神秀求教於他可能會有不一樣的成就出來，還是因為胸懷過人的經論，反而成為他明鏡上的塵埃？

中國有一部奇書「西遊記」，年輕時對此書一直都有幾個疑惑。例如孫悟空如此的神通廣大，筋斗雲一個觔斗便能飛越十萬八千里路，這麼快速為何不直接載著唐三藏到西天？還要千里迢迢受盡妖魔鬼怪的侵擾？再來是他當年大鬧天宮時，滿天神祇對他莫可奈何，為什麼一路上遇到的妖魔鬼怪，卻可以讓他吃足苦頭？好幾次都要請天神相助，才能化險為夷。此書作者是以隱喻的手法來暗示，修行者在修行的歷程上，會有那些難關及要如何去突破，例如：一開始他必須先收意馬（龍王太子變化的白馬），表示一旦下定決心要往修行的路前進，我們的意志力就要像龍定（那伽定）一般，這樣才會有如龍馬一般的神力，馱負至終點。接著拴心猿（孫悟空），而且心猿（念頭）不聽話時，就要唸緊箍咒讓他不得不聽話，這心猿可是神通廣大，變化多端，能遇魔殺魔遇神殺神，自在運用萬法，能助修者衝破層層障礙。再來是收豬八戒（守戒律），但戒律一開始不好守，還容易與心念起衝突，甚至有時是守假的。最後是要能淨（沙悟淨），代表無始劫來如恆河沙數的業力，他是少有聲音的擔著業力包袱跟在後面。到這裡，這修行的開端與神秀的自淨其意，不生念頭的修持功夫是相同的，差別是跟大多數的讀者一樣：西遊記的主人翁是誰？大多數人會先回答「孫悟空」然後是「豬八戒」，很少人會先說「唐三藏」，其實唐三藏才是「真主人」，他是慈悲、不畏艱難，上求佛道的行者，也是曉得什麼情況下要唸緊箍咒。所以神秀一直以來，在修行路上是主客易位，因而無法一步直超自性自度。

到這段便能體會到，壇經從頭到尾，六祖所示現的，闡釋的都是一如不變的要旨，例如第二品中：「本性自有般若之智；自用智慧，常觀照故，不假文字。」「故知萬法盡在自心，何不從自心中頓見眞如本性。」第三品論何謂功德：「見性是功……自性建立萬法是功……不離自性是功……自修性是功。」第六品：「各須自性自度，是名眞度。」第六品的自性三身佛等等。他所強調的自性本自有，不曾有失，自須向內自找、自悟，若能自覺，但依著自性作用，自能生萬法應用，不須依經典、戒律、禪定等等名相而爲。因爲依著這些名相而作爲，是「心迷法華轉」。

第七品：「一僧問師云：『黃梅意旨甚麼人得。』師云：『會佛法人得。』僧云：『和尙還得否。』師云：『我不會佛法。』」這句前後矛盾的話，正好呼應前面志誠與六祖的對答：「未審和尙以何法誨人？」師曰：「吾若言有法與人，卽爲誑汝。但隨方解縛，假名三昧。」所以六祖回說我不會佛法，若有法則爲法縛（「不會佛法」才是「會佛法」的眞諦），六祖唯論見性，若能見性自能生萬法，不須老師再傳什麼佛法？

不過，筆者覺得六祖說「今有盜法之人」，請問盜的是什麼法啊？（敦煌本無此句）

二、見與不見

……有一童子，名神會，襄陽高氏子，年十三，自玉泉來參禮。師曰：「知識遠來艱辛，還將得本來否？若有本則合識主，試說看。」會曰：「以無住為本，見即是主。」師曰：「這沙彌爭合取次語。」會乃問曰：「和尚坐禪，還見不見？」師以柱打三下云：「吾打汝是痛不痛？」對曰：「亦痛，亦不痛。」師曰：「吾亦見，亦不見。」神會問：「如何是亦見，亦不見？」師云：「吾之所見，常見自心過愆，不見他人是非好惡；是以亦見亦不見。汝言亦痛亦不痛如何？汝若不痛，同其木石；若痛，則同凡夫，即起恚恨。汝向前見不見，是二邊；痛不痛，是生滅。汝自性且不見，敢爾弄人？」神會禮拜悔謝。師又曰：「汝若心迷不見，問善知識覓路；汝若心悟，即自見性，依法修行。汝自迷不見自心，卻來問吾見與不見。吾見自知，豈代汝迷？汝若自見，亦不代吾迷，何不自知自見，乃問吾見與不見？」神會再禮百餘拜，求謝過愆，服勤給侍，不離左右。

……有一小沙彌，名爲神會，襄陽人俗姓高，十三歲，從玉泉寺來曹溪參問禮拜六祖。六祖說：「大德遠道而來一路辛苦了，你還識得本來面目嗎？若識得則說看看，這本來面目是什麼。」神會說：「以無住爲本，當下見得主人翁。」六祖說：「你這沙彌講的太輕率了吧！」神會反問：「那和尚坐禪時，有見到還是沒有？」六祖用木杖打他三下問：「我打你是痛還是不痛？」神會回答：「是痛也不痛。」六祖說：「我是見到也沒見到。」神會問：「什麼是有見到和沒有見到？」六祖說：「我常見到的是我自心所起的過錯，未見到的是他人的是非好惡；所以是有見到及沒有見到。你說痛也不痛是什麼？你如果是不痛，就跟木頭石頭一樣無情；如果會痛，那就跟一般人沒有兩樣，馬上就生氣起來。你前面說的見到不見到，是有見沒見二元對待；痛與不痛，是生起痛時要把它轉爲不痛的生滅法。你並沒有眞的明心見性，還敢在這裡玩弄人？」神會聽了禮拜六祖懺悔及感謝指教。六祖又說：「你如果心迷昧了未能見性，可以問大德幫你指引，你如果明心自性了，但依著自性之法而行。你自己因爲迷昧而未見自性，卻來問我有見性沒見性，我有見性我自己知道，我怎麼會讓你給迷惑了？同樣的你如果明心見性了，我也不能迷惑於你，還不如你自己去自悟，還來問我見與不見呢？」神會於是又禮拜六祖百來下，祈求六祖赦罪，之後服侍六祖左右。

一日，師告眾曰：「吾有一物，無頭無尾，無名無字，無背無面，諸人還識否？」神會出曰：「是諸佛之本源，神會之佛性。」師曰：「向汝道無名無字，汝便喚作本源佛性。汝向去有把茆蓋頭，也只成箇知解宗徒。」

有一天，六祖告訴大衆：「我有一物，它是沒有頭也沒有尾，沒名沒姓，沒有背後也沒有前面，大家知道認識嗎？」神會出列說：「是諸佛的本源我神會的佛性。」六祖說：「我已經說了沒名沒姓，你卻說是諸佛的本源你的佛性。你就好像是用茅草蓋住頭一樣，成爲一個只會講標準答案的人。」

這段也是提到生滅義理，見與不見是「有無」二邊（有見是有之見，無見是無之見），因「痛」而生出「痛非痛」，是生滅法，六祖的見與不見，是指自性本不可見，但察覺得到祂一直在流出，所以，似見但又不見。六祖前後二段文責神會之見，是因爲他發現神會答的雖沒有差錯，但都不是出於自性上的悟解，所以才說他像是被茅草蓋住頭一樣的回答標準答案。其實我們在解釋或理解經文奧義時，也是常用「宗解」來回答，說的跟聽的人都以爲是對的答案，因爲人們很容易被權威性的經句給自我悟解（誤解），有時用一句經文或名言，確實會有震聾聵耳之功效，像六祖聽到五祖一句：「應無所住而生其心」而於言下大悟。但不是人人都能如此，許多人是自以爲有「悟」，其實是有「誤」。例如五祖法演與陳提刑（官名），對答許久，法演禪師以小豔詩一句：「只要檀郎認得聲」來統整剛才對話的要旨，陳提刑覺得領悟到了而滿意的離開，法演的弟子克勤問：「陳提刑是否理解了？」法演回說：「他只認得聲。」也就是說陳提刑是「誤解」了。有時候是學人自誤，更有時候是老師去誤人，這些老師其實並非開悟之人，所以無法正確的對學人開示悟入，對學人的提問無法直指人心，只好用一些不著邊際的話術或手段來搪塞過去，例如德山宣鑑之後，用捧打學人的禪師變多了，多了以後就讓人懷疑，這些禪師是眞懂還是不懂？會不會只是學宣鑑禪師用捧子打打，看學人能不能自己開竅。但如果學人不是一般人，就很容易被戳破底細。雍正時的玉琳國師逝去後，眾人推舉高旻寺的天慧澈禪師承接法脈。雍正召，問曰：「您國師嫡嗣，還識國師宗旨否？」澈答云：「我有癩痢頭在！」（澈禪師頭有癩痢）他想用不著邊際的話術給濛混過去，如果是一般人，會有法師是高人的先入爲主，接著自然會在他的話句中找玄解，最後「理解」出滿意的答案，甚至直呼高人。有僧人問趙州和尚：「如何是第一句？」趙州咳嗽一聲。僧人說：「難道就是這個？」趙州無奈的說：「我連咳嗽也不行嗎？」

這位澈禪師，面對的是對禪機領悟很深的雍正，他聽了後立轉澈禪師的話頭以劍擬之云：「割卻你癲痢頭時又如何？」這時後被戳破的澈禪師驚不能答。最後，雍正給他七天的時間去想，要如何接他的話頭。

洞山良价禪師在他的「功勳五位」之說（向、奉、功、共功、功功五修行階段。）其頌云：

聖主由來法帝堯，御人以禮曲龍腰，有時鬧市頭邊過，到處文明賀聖朝。淨洗濃粧為阿誰？子規聲裏勸人歸，百花落盡啼無盡，更向亂峰深處啼。枯木花開劫外春，倒騎玉象趁麒麟，而今高隱千峰外，月皎風清好日辰。眾生諸佛不相侵，山自高兮水自深，萬別千差明底事，鷓鴣啼處百花新。頭角纔生已不堪，擬心求佛好羞慚，迢迢空劫無人識，肯向南詢五十三。**（註五三）**

有僧人問這五位，他回答：

師曰：「契飯時作麼生？」又曰：「得力須忘飽，休糧更不饑。」

師曰：「背時作麼生？」又曰：「只知朱紫貴，辜負本來人。」

師曰：「放下鋤頭時作麼生？」又曰：「撒手端然坐，白雲深處閒。」

師曰：「不得色。」又曰：「素粉難沈路，長安不久居。」

師曰：「不共。」又曰：「混然無諱處，此外復何求？」（註五四）

其中他對「奉」的解釋：師曰：「背時作麼生？」又曰：「只知朱紫貴，辜負本來人。」背時是背離眞理，例如讀經背離經義。像法達讀頌法華經，卻不明經義，六祖說經有何過？是自己被經所轉。「只知朱紫貴」，只知道或歡喜於經文或經偈，以爲通曉了經文要旨，卻是辜負了本來用意。

頌：「淨洗濃粧為阿誰？子規聲裏勸人歸，百花落盡啼無盡，更向亂峰深處啼。」將這些華麗奧妙的經偈，像濃妝般洗盡，就明白它原本的用意都是在勸人回頭，華麗的外相是無盡的煩惱，讓它盡數掉落，還要向更深層的無明障礙去探尋。這才是眞的信奉持守。洞山禪師點出了，修學者容易被經文表面字義給迷惑，必須要跳脫華麗文字的外相，去覺察它本來的面目。筆者舉一實例：有時與同好在探討人性之時，朋友常會總結一句「這就是慈悲」筆者問：「什麼是慈悲？」再問：「有一句話『慈眉善目不一定是眞慈悲；眞慈悲不一定是慈眉善目。』請問慈悲是善還是不善？」用這種方法來反思引用答句，是可以幫助自己進入另一層次的思惟境地，不妨參考看看。

六祖提了這個疑句：「吾有一物，無頭無尾，無名無字，無背無面，諸人還識否？」這句話要比爲山提的「汝未出胞胎未辨東西時之本分事，誠道一句來。」還要簡單的，但是，卻讓機智反應一流的神會跳了下去……不知道該怎麼講才好？

另外神會回答的：「以無住爲本，見卽是主。」其中的「見」讀「現」會比較貼切。

見是主觀上的識見，現是比較抽象的呈現。所以，也許……只是也許，如果神會一開始問的是：「和尚坐禪，還現不現？」可能後面的發展就不一樣了？？？

護法品第九

……薛簡曰：「京城禪德皆云：『欲得會道，必須坐禪習定；若不因禪定而得解脫者，未之有也。』未審師所說法如何？」

師曰：「道由心悟，豈在坐也？經云：『若言如來若坐若臥，是行邪道。』何故？無所從來，亦無所去，無生無滅，是如來清淨禪。諸法空寂，是如來清淨坐。究竟無證，豈況坐耶？」

簡曰：「弟子回京，主上必問。願師慈悲，指示心要，傳奏兩宮，及京城學道者。譬如一燈然百千燈，冥者皆明，明明無盡。」

師云：「道無明暗，明暗是代謝之義。明明無盡，亦是有盡。相待立名，故《淨名經》云：『法無有比，無相待故。』」

簡曰：「明喻智慧，暗喻煩惱。修道之人，倘不以智慧照破煩惱，無始生死，憑何出離？」

師曰：「煩惱即是菩提，無二無別。若以智慧照破煩惱者，此是二乘見解，羊鹿等機，上智大根，悉不如是。」

簡曰：「如何是大乘見解？」

師曰：「明與無明，凡夫見二。智者了達其性無二。無二之性，即是實性。實性者，處凡愚而不減，在賢聖而不增，住煩惱而不亂，居禪定而不寂。不斷不常，不來不去，不在中間及其內外。不生不滅，性相如如。常住不遷，名之曰道。」

……薛簡說：「在京城的禪師大德們都說：『想要得道，必須要坐禪學習定；如果不是由禪定而得到解脫的，不曾有過也。』不曉得大師的看法如何？」六祖說：「道是由心而悟得，那裡是坐出來的？金剛經有言：『如果說如來有坐或有臥，是那人行邪門歪道。』爲什麼呢？無有處所可以來，也沒有處可以去，沒有生亦沒有滅，就是如來的清淨禪。所有法門是空寂，才是如來的清淨坐。最後也看透了所有法門寂寥也是空沒有什麼可證得，那有坐禪就可以證得呢？」薛簡說：「弟子回去京城，主上一定會問。希望大師慈悲指點一下心要，讓我受主上傳召時可以上奏回覆，以及回答京城學者之人。您就好比一盞燈可以點燃千百盞燈一樣，讓不明道理者都能明白，如此讓道理傳揚無盡。」六祖說：「道本就不是明或暗，明跟暗只是替換之辭，無盡的光明還是會有盡。因有對待才有名相出來，所以《淨名經》有說：『佛法是無法可比擬的，因爲無對待的緣故。』」薛簡說：「明表示智慧，暗表示煩惱。修道的人如果不是以智慧來照破煩惱的，便會生死輪迴不已，如何能出離呢？」六祖說：「煩惱其實也是菩提，並沒有二元分別，如果以智慧來照破煩惱的，是聲聞緣覺二乘人的見解，也是羊車鹿車的根性之人，對上智根性人，則不會作此解。」薛簡說：「請問怎樣才是大乘上根的見解呢？」六祖說：「明或無明在凡夫看來是不同的見地，唯有大智之人才能了然通達此眞理，因爲其本來眞如的自性是沒有明與無明二元分別，也因爲是這無有二種分別的眞如自性，才是實相本性，此實相本性處在凡夫愚人也不會減少，處在聖賢之人也不會增加，住在煩惱境地也不散亂，居住在禪定之境也不滯於空寂，也不以斷見也不以常見，也沒有來也沒有去，更不在中間或是內外，這原是不生也不滅，祂的本性實相永遠是如如自在，是永無生滅變遷，這才叫做道。」

壇經已到尾聲，六祖說法也近三十年了，欲藉禪定解脫者，依然是門顯學，壇經一開頭，神秀的偈隱含了禪定的思惟，法性寺衆人初見五祖衣鉢傳人，不問見性之法，卻問禪定解脫之疑，第五品直接以坐禪眞義釋衆，第七品中開示智隍使其「二十年所得心都無影響」。神會問坐禪還見不見？遭六祖打。還有臥輪禪師的能斷百思量。在薛簡的提問可了解到，當時學人的觀念上，「欲得會道，必須坐禪習定；若不因禪定而得解脫者，未之有也。」禪定才能解脫，不由禪定是不可能證道的。

禪定的修行法及其眞實義，貫穿了整個壇經的背景，時至今日坐禪修定依然是修者所熱衷的。禪定由淺至深可分四禪，但入初禪前，還得先有離十八不適合精舍及具五種適當精舍的找尋，再以十種方法漸次修定，從初禪乃至四禪八定，最後第九次定滅盡定。**（註五五）**

壇經中未見六祖有談論任何坐禪功法及次第，在禪宗公案中可見禪定並不是非得坐禪。雪峰義存心不踏實時藉坐禪而定，但師兄巖頭卻躺著睡覺；臨濟義玄睡覺，黃檗禪師說他在禪定；而首座在坐禪，黃檗卻說他是胡思亂想；禪師只有在不可言說的情況下，端坐默然良久。

除了世人對禪定的執念外，也對智慧光明等聖相而執迷，明是智慧暗是煩惱，龍潭吹燭，他吹的是明還是暗？是智慧還是煩惱？丹霞禪師燒佛像取暖，燒的是光明還是闇昏？所以六祖說煩惱是菩提，雪峰禪師閉門燒火，說道得卽開門，桂琛禪師丟了一根薪材進去，他便開門而出。三界如火宅，衆生卻堪忍於其中，因爲不明煩惱諸苦相，唯有生大煩惱之人，才力求出離之法。

付囑品第十

一、正法眼藏，傳付何人

……又云：「吾去七十年，有二菩薩從東方來。一出家、一在家，同時興化，建立吾宗，締緝伽藍，昌隆法嗣。」

……六祖又說：「我圓寂之後七十年，會有二位菩薩降於東土。一個出家僧，一在家居士，二人同時大興佛法，建立我這一宗門，修造叢林道場，宏展傳承禪宗法門。」

在此品中，六祖弟子曾問：「正法眼藏，傳付何人？」六祖曰：「有道者得，無心者通。」這句話表示，在未來的時代中，會有人得，亦有人通。且不是少數人得及少數人通。他又預告了未來七十年後，會有二位重要的傳人出現，這二位一是在家居士，一是出家僧人，這二人會同時興化六祖的法門，也會創建許多叢林道場（門派），各個又都能傳衍不絕。六祖提到「吾去七十年」，也就是西元七一三年（六祖坐化）之後七十年的七八三年左右，這期間符合一在家一出家，又都是同時興化者，據說是江西馬祖道一禪師及龐蘊居士，道一禪師是南嶽懷讓的法嗣，也是六祖的法孫，他大約在開元十年（七二二）離開南岳，後住洪州開元寺，大弘南宗禪法，四方學人爭相歸依，一時座下法將如林，成就八十四位大善知識。道一禪師入寂于唐德宗貞元四年（七八八），春秋八十歲，謚大寂禪師。在機緣品第七中，六祖對懷讓說：「西天般若多羅讖，汝足下出一馬駒，踏殺天下人。應在汝心，不須速說。」從這來看六祖後七十年左右，馬祖確實大興禪法，他所成就的大善知識，也陸續開宗立嗣，其門下開衍出臨濟及潙仰二宗，符合了「締緝伽藍，昌隆法嗣。」

龐蘊居士（七四〇—八〇八），字道玄，襄州（今湖北襄陽）人，馬祖道一禪師之法嗣，龐居士少年時，前往南嶽，參謁石頭希遷禪師。龐居士問：「不與萬法為侶者是甚麼人？」石頭禪師連忙用手掩住龐居士的嘴，龐居士豁然有省。於是留在石頭座下參學。有一天，石頭禪師問道：「子以緇邪，素邪？」（你是打算出家還是當居士）龐居士道：「願從所慕。」因此，他選擇了居士生活。龐居士參學了一段時間之後，便前往江西洪州，參禮馬祖。初見馬祖，他又問：「不與萬法為侶者是甚麼人？」馬祖道：「待汝一口吸盡西江水，即向汝道。」龐居士於是留在馬祖座下參學，時間長達兩年。後來他的修證日趨高峻，機辯迅捷，為諸方之所仰慕。離開馬祖後，龐居士便過起了雲遊的生活。龐居士所到之處，禪門老宿都爭相往復問酬。龐居士皆隨機應響，為人解粘去縛。元和年間，龐居士向北遊方，來到襄漢一帶，在那兒定居下來。他有個女兒叫靈照，沒有出嫁，日常就跟著龐居士製作竹漉籬（濾水用的竹器）拿到集上去賣。他們一家人就靠這個來維持生計。龐居士有一首偈子，描述了這種生活場景：「有男不婚，有女不嫁。父子共團圓，共說無生話。」龐居士臨入寂的時候，告訴靈照說：「視日早晚，及午以報」（到了正午的時候，告訴我一聲）。靈照出去了，過了一會兒，她匆忙跑進來，報告父親道：「已經到了正中午，但是有日蝕。」龐居士一聽，便走出戶外觀看。哪裡有什麼日蝕！進屋後卻發現女兒靈照已登上自己的禪座坐化了。龐居士笑道：我女兒動作真快啊！於是，龐居士決定再逗留七天，以便安排女兒的後事。龐居士臨終前，他的好友州牧于公頔前來問疾。龐居士告訴他說：「但願空諸所有，愼勿實諸所無。好住世間。皆如影響。」說完便奄然而化。龐居士生前有詩偈三百餘篇流傳於世。

除了這二人，亦有說是黃檗禪師和裴休丞相，這二人雖然年代較晚，但因六祖並未明說，七十年後是指已經在興化了?還是才出世正在修行中?

這裡筆者不是想討論六祖指的二位菩薩是誰?而是探討六祖有沒有將衣缽傳下?五祖交待六祖時已有明言，「衣爲爭端，止汝勿傳。」六祖也明言「有道者得，無心者通。」所以，象徵性的衣缽已不再傳付，但密付本心之法，卻是「勿令斷絕」。那「有道者得」是得什麼呢?以下三個公案可以一窺其貌。

師令希遷持書與南嶽讓和尚曰：「汝達書了速迴。吾有箇穫（鈍）斧子，與汝住山。」遷至彼，未呈書。

便問：「不慕諸聖，不重己靈時如何？」

讓曰：「子問太高生，何不向下問？」

遷曰：「寧可永劫沈淪，不慕諸聖解脫。」讓便休。

遷迴至靜居，師問曰：「子去未久，送書達否？」

遷曰：「信亦不通，書亦不達。」

師曰：「作麼生？」遷舉前話了，卻云：「發時蒙和尚許穫斧子，便請取。」師垂一足。遷禮拜，尋辭往南嶽。**（註五六）**

❍ 已進不退

隱峰禪師一日推土車次，馬祖道一大師展其腳在路上坐。

師云：「請師收足。」

大師云：「已展不縮。」

師云：「已進不退。」乃推車碾過。

大師腳損歸法堂，執斧子云：「適來碾損老僧腳底，出來！」

師便出，於大師前引頸，大師乃置斧。（註五七）

❍ 其聲如雷

鄧隱峰，到溈山，便入堂，於上板頭，解放衣缽。師聞師叔到，先具威儀，下堂內相看。隱峰見來，便作臥勢。師便歸方丈，隱峰乃去。少間，師問侍者：「師叔在否。」云已去。

師云：「去時有甚麼語。」云無語。

師云：「莫道無語，其聲如雷。」（註五八）

第一則是青原行思令石頭希遷送信至南嶽懷讓處，結果信未送出，與懷讓機鋒幾句，就回來了。在出發前行思禪師有答應他，送信回來就送他一隻斧頭，石頭信沒送到就要斧頭，結果行思也只垂一足，並沒有給他斧子。這段看起來非常奇怪，正事不辦，答應的也不給？到底是怎麼一回事？其實，希遷禪師信已送達，懷讓也收到無誤，行思禪師也的確將斧頭送給了希遷禪師。

信，並不是紙本文書，而是石頭希遷本人，爲何要送「信」至南嶽懷讓禪師處？這便是關鍵，青原行思要告訴懷讓禪師，他的傳法之人是石頭希遷，要他印可或知悉，石頭希遷也明白此行目的，所以，一見懷讓禪師，未呈書。便問：「不慕諸聖，不重己靈時如何？」這個提問表示了他未來的禪法（渡化的對象是不慕不重聖道之人），懷讓禪師認爲太難也太高深了，因爲，這表示只有上根性之人，才能契入他的法要，不能廣渡中下之人，因爲這些識見太深的人，要用不可思議的妙法才有可能使之回頭，所以要他「何不向下問？」但石頭表示，那我就與之永遠沈淪在一起。這裡來看便明白，他以後爲什麼會有「石頭路滑」這個稱號。懷讓不再有言，便回歸方丈房，這回到禪房，也是禪師們機對完後會有的一個動作，表示回到原處（自性）。

青原行思一開始說的斧頭及最後的垂一足，便是傳衣缽的意思。所以，希遷見行思禪師垂一足便禮拜。

第二則是馬祖禪師，伸展一足暗示要傳法予隱峰禪師，隱峰也明白，所以表示願意承接下來（已進不退），馬祖後持一斧當衆要他出列，隱峰也當衆展示他的決心（於大師前引頸），馬祖於是將斧放下，回歸禪房。

這二則可以發現，青原行思及南嶽懷讓，應該都有從六祖處得受「衣缽」，但已不是有形的衣缽，馬祖道一則是像石頭希遷一樣，從懷讓禪師處得受衣缽，然後又傳付給隱峰禪師，因此，第三則公案就能明白，隱峰至溈山禪師處，「解放衣缽」（交付衣法）及「便作臥勢」（將入涅槃），潙山一見不發一語，退回方丈室，後問侍者師叔離開時可有言句，侍者回沒有言句，潙山卻說：「莫道無語，其聲如雷。」以衣缽傳法的角度來看，眞的是其聲如雷。

這三則公案，回應了六祖的「有道者得」，而且看起來不再是單傳獨授，禪宗開出五門是「締緝伽藍」，各又大行禪法，接引衆多佛子，是「昌隆法嗣」及「無心者通」。

結語

這幾年好萊塢（Hollywood）拍了一些討論人性的電影，很欣慰這些電影，都有符合「人性」的層面，情節是當主角身處在利益與良知衝突時，他要在危急之時，做出困難的選擇，例如：是要救一個心愛的人還是救多數陌生人？是要先救存活率高的還是存活率低的人？主角均是做不出最後的決定（劇情都是以奇蹟發生而化解），有些劇情是主角不得不做出了決定，但電影最後都有交待或暗示，他將一生背負著愧疚與遺憾。其中有句台詞讓人感動：「將來你活到八十歲時，回想今日，你會有悔恨當初的決定嗎？」這句話因爲曾發生在本人身上，所以不用到八十歲，的確是一直活在悔悟當中。

二十多年前與妻子一同去東南亞某國旅遊，當地是官員貪百姓苦，幾天之中同行的團員（原本不相識的），每當在享用當地道地美食之時，都會不經意地，望著我們簡單的素餐，從眼神及幾日的交談下，可看得出他們對我們吃素人，懷抱著些些的敬意，遊程最後一天，在往機場的路上，領隊宣佈（導遊不好開口）當地海關暗示，若要快速通關不受刁難，只要在護照內放一美元卽可。筆者有放，團員中有四位不願意配合，一位年輕的女孩，一對母子（兒子二十多歲），她們選擇不助紂爲虐。其實最後大家都平安通關，但筆者望著他們堅毅的神色，勇敢的面對海關的刁難，內心不禁羞愧萬分。熟知道理卻不能行，見義而不爲，無勇也。但這烙印在心中的悔意，讓我知道「這個」有在做主，祂一直都在「念念相續」到如今。

六祖說：時時刻刻都要不染著於一切法，也就是說，在行住坐臥時，都要能在根塵接觸的當下，不生起任何的雜染，這樣才是般若三昧和無念行。能在行住坐臥的日常生活當中，保持內心的不散亂，具足正念正知，這樣才是禪定。六祖所開示之法，讓筆者在生活中有很大的助益，它沒有像其它諸部經典那樣深奧，那樣不易在尋常的生活中得到對應，是經常可以察覺到自己是否「一念若住，念念卽住，名繫縛。」例如：有時聽到修行朋友的疑問，說以前未走入修行之路時，雖同世俗人一般，整日混混噩噩的生活，但修行後好像災厄反而變多了？不修行還好，修行時卻是惡運連連。爲什麼？我們仔細分析後，所謂的災厄，不外是生病、車禍、金錢損失、工作不順、人際關係、學業、夫妻和諧、子女互動……。發現其實很普通、很尋常，幾乎在我們週遭常聽到或親身會遇到的事情，並沒有比其他人多呀！跟修行不修行一點關係也沒，會覺得變多那是因爲「一念若住，念念卽住」，因爲我們心中有「修道」二個字，一般人則心中沒有這二個字，差別就在這裡。我們捫心自問，一般人會不會有生病、意外、災難、不順的事呢？再來看修道人會不會有生病、意外、災難、不順的事呢？是不是都一樣嘛？爲什麼修道人會覺得自己考驗很多？就是因爲心中有「修道」這二個字，所以會覺得我是修道人耶！不該遇到這些不好的事，佛菩薩應該會幫我撥轉的呀？總覺得有拜應該有「保庇」，如果沒「保庇」會覺得菩薩欠我一個公道，因此，一般人的事件，也就是一般人會遇到的事情，他們遇到會自認倒楣，過了就算了，但修道人碰到，就會把它給放大，才會覺得修道後考驗特別多。而平常人因爲心中沒修道二字，所以遇到事情就只能自嘆倒楣，只希望趕快出運就好了。

這修道或修行二字也就是「壽者相」，是非常難克服於無的相，除了上例心中有怨者，也有人遇到災厄後又化險爲夷，會表示感謝諸佛菩薩的撥轉，筆者問爲什麼要感謝？大多回一定是佛菩薩的庇蔭才能轉危爲安，筆者說你還有壽者相。筆者問他爲何認爲是佛菩薩的保佑？當然是很難回答也不明白筆者的問題。如果當他遇到事件有轉機之時，當下是表示我這樣的人、修行差的人、毛病多的人⋯還麻煩到佛菩薩的化解，眞是慚愧⋯或者是感謝上蒼給我重生機會⋯若是作此表達，筆者認爲是不著「壽者相」。何故？感激佛菩薩並非是有假，而是心中隱微有我是有修、有德⋯所以才能得⋯；而同樣是感恩，但是覺得是受到特別恩寵、本不該有而蒙受恩賜⋯⋯，些微的差別便是「壽者相」之有無。同樣遭遇禍害而受苦者，表示感謝上天讓我消寃解孽，亦是有「壽者相」。修行人要愼於隱微之「念住」。

另有人說，他幾年來一直勸友人，不要一直陷在憂愁中，要放下、要轉念、過去的就讓它過去了⋯⋯可是，他一直放不下、也不轉念，以至於得了憂鬱症，用道理、用佛法都沒有用⋯⋯。這在現世中眞是處處可見，人們常會以某一高度，來勸導正在受苦痛的人，會以一個未有相同苦痛經驗者的角度，套用佛法來欲使人轉念或放下，這就是爲什麼難以使之改變。在壇經及禪宗公案中，許多看似簡單，可以三言兩語就能解釋淸楚的，其實背後深義是難以契入的，例如百丈野狐禪中的「不昧因果」，解釋起來是不難懂，但爲什麼大善知識要落於因果中？在現實世間中有些人歷經大苦痛，在苦痛中與所有相同苦痛者一樣，會哀號、哭泣、不願接受事實，但是最後終於走出傷痛，並將痛苦化爲力量，也化爲智慧，以這份過來人才有的智慧、經驗，去勸其他相同苦痛的人們，因爲⋯你們的痛我明瞭，你們的苦我體會的到，我願意跟你一起面對一起擁抱⋯⋯。這就是菩薩四攝之一的「同事」，也是不昧因果的眞實義，南泉與溈山願意死後做一頭牛，趙州願意到地獄去，他們看似輕鬆的玩笑話，卻是不可思議的大悲心。

除了個人常有的迷思，在益助衆生的志工團契或修行團體中也常發生，畢竟有人的地方就一定有是非，雖然不爲私益，但各有各的經驗法則、學識判斷，故而人多意見也多，辦起事來又覺得自己方法爲佳，以至於產生嫌隙，事畢心結繫，心心不相依，殊爲可惜。若靜心來分析，其實每個人的「看法」或「做法」，都是好「方法」，因爲六祖說「法者正也」，因爲不是出於私心，但爲什麼正法會導至紛爭呢？因爲「爲是二法，不是佛法」，過於堅持自己的方法才會「不斷勝負，卻增我法」。在人多或團契中其實是最好修行的地方，因爲辦事不是只爲了將事辦好；而是藉辦事來修身煉性。因爲在公益或修行團體中，容易「但行直心」及「一行三昧」，難的是不知要於一切法「不取不捨」，以至於「心若住法，名爲自縛」，所以要省思學習的是「心不住相，道卽通流」，這「道」就是一團和氣、同心協力、各了己願，自益又利人。在團體中要如何不住法，以一句簡單的話來說，就是「什麼方法都好，只有自己的方法不是最好。」

所謂求人不如求己，唯有自性能自度。六祖說的四宏誓願，煩惱無邊唯有自性能斷；法門無盡唯有自性能生；無上佛道唯有自性能成；也唯有自性能點醒衆生的自性，讓衆生自己能自性自度。自性能一體化三身佛，具四智，於一行三昧定慧等持。如何修持、如何勘破、如何應機？佛法一切現成，只需不取不捨，於相離相，便能成爲一個無事之人。六祖頌曰：「心平何勞持戒？行直何用修禪？恩則孝養父母，義則上下相憐。讓則尊卑和睦，忍則眾惡無喧。若能鑽木取火，淤泥定生紅蓮。苦口的是良藥，逆耳必是忠言。改過必生智慧，護短心內非賢。日用常行饒益，成道非由施錢。菩提只向心覓，何勞向外求玄？聽說依此修行，天堂只在目前。」（註五九）道就在日常生活中啊！

六祖壇經對上根性人語，只論自性但托言一些妙法及譬喻，筆者雖盡力將己悟來論述，但恐見識尚淺，難言無上義理，或掛一漏萬，故書名為「談」經「說」義來對壇經發表一點點的淺論。望十方大德海涵、賜教，在此不勝感激！

附錄及註釋

溈山僧某甲

註一：虛空講得

亮座主參馬祖，祖問：「聽說座主大講得經論，是否？」
師曰：「不敢。」
祖曰：「將甚麼講？」
師曰：「將心講。」
祖曰：「心如工伎兒，意如和伎者，爭解講得？」
師抗聲曰：「心既講不得，虛空莫講得麼？」
祖曰：「却是虛空講得。」
師不肯，便出，將下階，祖召曰：「座主！」
師回首，祖曰：「是什麼？」
師豁然大悟，曰：「某甲所講經論，將謂無人及得，今日被大師一問，平生功業，一時冰釋。」禮謝而退。

白話文：

西山亮座主參拜馬祖，馬祖問：「聽說亮座主講經說法講得非常好，是不是？」亮座主回：「不敢。」馬祖問：「講什麼核心要點？」亮座主回：「講心意。」馬祖說：「心就像伴奏的樂師，意就像和著樂曲而舞的人，怎麼能講得出眞理？」亮座主回：「心若不能講，難道虛空就能講？」馬祖說：「虛空正好可以講。」亮座主不認同，便要離開，剛下階梯時，馬祖召喚他：「座主。」亮座主回過頭。馬祖：「是什麼啊？」

座主豁然大悟說：「我講經說法以爲無人比得上，今天被馬祖一問，一生以爲的功業，全都消融了。」

註：亮座主回頭時是很自然，「不假思索」的，所以不是「心意」所使，正是「空」的示現。

註二一：心內安石

雪霽辭去，藏門送之，問曰：「上座尋常說三界唯心，萬法唯識。」乃指庭下片石曰：「且道此石在心內？在心外？」

師曰：「在心內。」

藏曰：「行腳人著甚麼來由，安片石在心頭？」

師窘無以對，即放包依席下求決擇。

近一月餘，日呈見解，說道理。藏語之曰：「佛法不恁麼。」

師曰：「某甲詞窮理絕也。」

藏曰：「若論佛法，一切現成。」

師於言下大悟。

白話文：

雪停後欲辭去時，桂琛禪師（住持地藏院）送他，問：「您常說的三界唯心，萬法唯識。」然後手指庭中一片石頭說：「庭中石頭現在是在心內還是心外？」文益回：「在心內。」桂琛問：「到處行腳的人若在心中放片石頭，會不會帶著它太累了？」

文益窘迫的無法回答，遂決定放下行李留下來求悟解。在約一個月內他每每提出他的見解，桂琛禪師都回「佛法不是這樣的。」文益說：「我實在是想不出任何道理了。」桂琛說：「所謂佛法，都是現成的。」文益聽了大開頓悟。

註三：空具何相

一日淨慧問曰：「子於參請外看什麼經？」

師曰：「看華嚴經。」

淨慧曰：「總、別、同、異、成、壞六相，是何門攝屬？」

師對曰：「文在十地品中，據理則世出世間一切法皆具六相。」

曰：「空還具六相也無？」師懵然無對。

淨慧曰：「子卻問吾。」

師乃問曰：「空還具六相也無？」

淨慧曰：「空。」師於是開悟，踴躍禮謝。

淨慧曰：「子作麼生會？」

師曰：「空。」淨慧然之

白話文：

有一天清涼文益禪師（賜號淨慧）問道潛：「你除了來參問外還看什麼經書？」道潛回：「看華嚴經。」問：「華嚴經中的總、別、同、異、成、壞六相，是在那一品目中？」道潛回：「是在十地品中，意思是世間法界緣起皆俱此六相。」問：「那空俱有六相嗎？」道潛回答不出。文益問：「你來問我。」道潛於是問：「空俱有六相嗎？」文益回：「空。」道潛於是開悟，歡喜跳躍禮謝。文益問：「你悟到什麼？」道潛回答：「空。」文益認同。

註：總、別、同、異、成、壞六相就是「空」相，因爲這六相是一切緣暫時之相。

註四：臨濟四料簡

師晚參示眾云：「有時奪人不奪境、有時奪境不奪人、有時人境俱奪、有時人境俱不奪。」

時有僧問：「如何是奪人不奪境？」

師云：「煦日發生鋪地錦，嬰孩垂髮白如絲。」

僧云：「如何是奪境不奪人？」

師云：「王令已行天下遍，將軍塞外絕烟塵。」

僧云：「如何是人境兩俱奪？」

師云：「并汾絕信，獨處一方。」

僧云：「如何是人境俱不奪？」

師云：「王登寶殿，野老謳歌。」

白話文：

臨濟義玄禪師有一晚與大眾開示：「有時奪人不奪境、有時奪境不奪人、有時人境俱奪、有時人境俱不奪。」這時有一僧人問：「什麼是奪人不奪境？」禪師回：「就像日光灑在大地上，好像鋪了一層地毯，嬰兒一下子頭髮長長又瞬成老人。看似很美轉眼就成空，如鏡花水月般皆是假相。」僧問：「什麼是奪境不奪人？」禪師回：「就像王令能行天下聖君當道，將軍鎮守邊塞外敵無犯。自性圓融，外邪無侵。」僧問：「什麼是人境兩俱奪？」禪師回：「就像現在并汾二州音訊斷絕，各自獨守一方。處在一個空寂的狀態。」僧問：「什麼是人境俱不奪？」禪師回：「就像聖王在位，天下安和樂利。體用不二，率性自然。」

註五：

馬祖一日謂眾曰：汝等諸人，各信自心是佛，此心即是佛心。達摩大師從南天竺國來，躬至中華，傳上乘一心之法，令汝等開悟。又引《楞伽經》文，以印眾生心地，恐汝顛倒，不自信，此心之法各自有之。故《楞伽經》云：『佛語心為宗，無門為法門。』又云：『夫求法者應無所求，心外無別佛，佛外無別心。不取善、不捨惡，淨、穢兩邊俱不依怙，達罪性空，念念不可得，無自性故。』

白話文：

馬祖道一禪師有一天跟大家說：「你們所有人，要相信自己的心是佛，也就是佛心。達摩大師遠從南方天竺國而來，親身來到中國，傳承上乘一心的法門，令大家開悟。又引用《楞伽經》文，來印證眾生的心地，怕大家顛倒不肯相信，這心法是各自本有的。《楞伽經》有說：『佛說心是宗，無門是法門。』又說：『想求法的應是基於無所求，離了心之外非是佛的，同樣離佛之外也是非心的。不取不捨有善、惡、淨、穢倆倆相依的二邊對待，才能除去罪而性爲空。而一直念想是不可得到的，因爲不是自性的原故。』」

註六：賊不打貧兒家

湖南祇林和尚。每叱文殊普賢皆為精魅。手持木劍，自謂降魔。才有僧參禮便云：「魔來也魔來也。」以劍亂揮，潛入方丈。如是十二年，後置劍無言。僧問：「十二年前為什麼降魔？」師曰：「賊不打貧兒家。」曰：「十二年後為什麼不降魔？」師曰：「賊不打貧兒家。」

白話文：

湖南祇林和尚，常常叱喝文殊及普賢菩薩是精怪，他手拿著木劍說要降這魔除那妖。遇到僧人來參問禮拜時他便說：「魔來了魔來了」，亂揮舞著木劍，然後跑回方丈室去。就這樣瘋瘋癲癲十二年，十二年後他卻把劍放下，不再亂喊魔！魔！有僧人問他：「十二年來爲什麼一直在喊要降魔？」祇林和尚回：「因爲賊不會偷貧窮人家。」又問：「那十二年後怎麼不喊降魔了？」祇林和尚回：「因爲賊不會偷貧窮人家。」

註：文殊及普賢菩薩是修行人容易固滯的聖相，所以他十二年來努力的要去除形相，因爲識見中有相，則外邪念頭容易干擾自心，一切念頭不起就像是窮人一樣，不會去招惹邪念。十二年努力斷形相雜念，十二年後終於不起有念，因此不再防著念頭生。他第一句「賊不打貧兒家。」是他當時還不是貧兒家，想成爲一個貧兒家；第二句「賊不打貧兒家。」表示現在已是了。

註七：大通智勝

興陽讓和尚因僧問：「大通智勝佛，十劫坐道場，佛法不現前，不得成佛道時如何？」讓曰：「其問甚諦當。」僧云：「既是坐道場，為甚麼不得成佛道？」讓曰：「為伊不成佛。」

白話文：

興陽山清讓和尚因僧人問：「大通智勝佛坐道場十劫之久，佛法無現前，未成佛道是爲什麼？」讓和尚說：「你問的很好。」僧又問：「既然是坐道場如同佛住世，爲什麼還不是佛？」讓和尚說：「因爲他不成佛。」

註：興陽山的清讓和尚是芭蕉慧清禪師的法嗣。大通智勝佛出自《法華經．化城喻品》

註八：胡子無鬚

或庵主示眾曰：「西天胡子，因甚無鬚。」

無門曰：參須實參，悟須實悟，者箇胡子，直須親見一回始得，說親見，早成兩箇。

頌曰：癡人面前，不可說夢，胡子無鬚，惺惺添懵。

白話文：

有位庵堂的主人開示大眾，問西方天竺釋尊爲什麼沒有鬍鬚？無門大師的註解，這公案要實參實悟，才能親見釋尊，見到了就成二個了，意思是唯佛能見佛。

註：這庵主舉西天胡子一語，字面上是貶抑之辭，也是禪師們爲了破除聖凡之相，慣

用的手法，跟問何謂佛？答乾屎橛，是一樣的。還原原意是問：「佛陀已無煩惱根。」其用意是若能滅聖凡之相者（西天胡子），就如同佛陀無煩惱根。

註九：諸葛亮誡子書

「夫君子之行，靜以修身，儉以養德。非澹泊無以明志，非寧靜無以致遠。夫學須靜也，才須學也，非學無以廣才，非志無以成學。慆慢則不能勵精，險躁則不能冶性。年與時馳，意與日去，遂成枯落，多不接世，悲守窮廬，將復何及！」

白話文：

有才德品行的人，以內心恬淡平靜來淑善其身，以儉約的生活來培養品德。若不是澹泊名利，就不能表明不慕名利的心志，非平靜安和是無法達成遠大的理想。學習必須安心不妄動，才能增進是需要刻苦學習的。不學習是不能廣博才識，不下定志向就不能成就學問。怠慢就不能縝密研究，暴躁就不能陶冶性情。年華隨著光陰流逝，意志隨著歲月消磨，最後就像枯枝敗葉一般凋零，對世人無用，只能守著自己的破舊小屋悲傷嘆息，到時後悔也來不及了。

註十：金剛經第十七分

「須菩提！於意云何？如來於然燈佛所，有法得阿耨多羅三藐三菩提不？」「不也。世尊！如我解佛所說義，佛於然燈佛所，無有法得阿耨多羅三藐三菩提。」佛言：「如是！如是！須菩提！實無有法，如來得阿耨多羅三藐三菩提。須菩提！若有法如來得阿耨多羅三藐三菩提者，然燈佛即不與我授記：『汝於來世當得作佛，號釋迦牟尼。』以實無有法，得阿耨多羅三藐三菩提，是故然燈佛與我授記，作是言：『汝於來世，當得作佛，號釋迦牟尼。』」

白話文：

「須菩提！你認爲如何？當年如來在然燈佛那裏，有沒有得到做無上正等正覺的法？」須菩提回答：「沒有的，佛陀！依我聽聞佛陀所說之義，佛陀在然燈佛那裏，沒有得到名爲做無上正等正覺法。」佛說道：「正是如此！正是如此！須菩提！實際上，因爲沒有法可得，所以如來才成就無上正等正覺的。須菩提！如果有要得到法而成爲無上正等正覺，然燈佛就不會爲我授記說：『你在來世，一定作佛，名釋迦牟尼。』正因爲沒有法可得無上正等正覺的，所以然燈佛才爲我授記：『你在來世，一定作佛，名釋迦牟尼。』」

註：金剛經第十七分。此分之後與前十六分相似，有的學者認爲佛陀有時是兩番囑累，例如像《金剛經》。嘉祥大師曾指出，本經的初番問答是般若道，次番問答爲方便道。般若道是體，方便道是因，兩者相輔相成，體用不二。另也有人提出是佛陀慈愍，與須菩提對答完後，見有學人後到會場，爲了讓晚到的明白前面所論述的，才再一次宣講。筆者認爲，以我們演講習慣，如果開講三五分鐘後，見有人遲到入場，爲避免聽不懂接下來的話，會簡略的重復要點，但不可能到尾聲時又重講一次，所以有可能是佛滅度之後，口耳相傳的經文內容出現不同的版本（當時有上師所說的話不能

用文字書寫，只能背頌的習俗），因版本內容精神一致，故都保留下來，譯經師也未擇選譯出。

註十一：貧錐也無

師問香嚴：「師弟近日見處如何？」

嚴曰：「某甲卒說不得，乃有偈曰：『去年貧未是貧，今年貧始是貧；去年貧無卓錐之地，今年貧錐也無。』」

師曰：「汝只得如來禪，未得祖師禪。」

白話文：

仰山慧寂問香嚴智閑：「師弟最近境界到那了？」

香嚴回答：「要我說是說不得的，我作一個偈來表示：『去年的貧窮還不算貧窮，今年才是眞的貧窮；因爲去年是窮到無立錐之地，今年則是連錐子也沒有了。』」

仰山慧寂說：「你這是得證如來禪，不是祖師禪。」

註十二：用功大錯

一日，慧稜禪師告訴雪峰禪師：「坐破七個蒲團，不明此事。一日卷簾，忽然大悟。乃有頌曰：『也大差，也大差，卷起簾來見天下。有人問我解何宗，拈起拂子劈口打。』」

白話文：

有一天長慶慧稜禪師告訴雪峰義存禪師：「我一共坐破了七個蒲團，始終無法悟道。

有一天捲窗簾時，忽然頓悟。才做了一個偈頌：『太差勁了！太差勁了！（用功大錯）捲起窗簾才見到自己的天地，有人問我悟解了什麼道理？我拈起拂塵便邊罵邊打。』」

註十三：

坦然、懷讓二僧，問嵩嶽慧安國師：「如何是祖師西來意？」

師曰：「何不問自己意。」

曰：「如何是自己意？」

師曰：「當觀密作用。」

曰：「如何是密作用？」師以目開合示之，然於言下知歸，讓乃即謁曹溪。

白話文：

坦然與懷讓二位僧人問嵩山慧安國師：「什麼是祖師西來意？」慧安說：「何不去問自己的意。」問：「什麼是自己的意？」慧安說：「就是觀察密的作用。」問：「什麼是密的作用？」慧安國師以眼睛開闔表示，坦然當下知道歸處，懷讓領悟後就去參拜六祖。

註：嵩嶽慧安國師（西元五八二—七〇九年），隋煬帝前徵召他赴京而不赴，潛入太和山。當天下擾攘動亂之時，乃杖錫登衡嶽寺，行頭陀行。唐貞觀中（西元六二七—六四九年），至黃梅，謁忍祖，遂得心要。麟德元年（西元六六四年），遊終南山石壁，因止焉。唐高宗嘗召，他也不奉詔，遍歷名跡，至嵩少云：「是吾終焉之地也。」自此，禪者輻湊。武后曾徵至輦下：

后嘗問師：「甲子多少？」

師曰：「不記。」

后曰：「何不記邪？」

師曰：「生死之身，其若循環。環無起盡，焉用記為。況此心流注，中間無間。見漚起滅者，乃妄想耳。從初識至動相滅時，亦出如此，何年月而可記乎？」

后聞稽顙，信受。待以師禮，與神秀禪師同加欽重。

壇經護法品第九品：

神龍元年上元日，則天中宗詔云：「朕請安秀二師，宮中供養，萬幾之暇，每究一乘。二師推讓云：『南方有能禪師，密授忍大師衣法，傳佛心印，可請彼問。』今遣內侍薛簡，馳詔迎請。願師慈念，速赴上京。」

安秀二師指的就是慧安及神秀二位。

註十四：趙州筍子

趙州路逢婆子，問婆子甚麼去？

曰：「偷趙州筍去。」

師曰：「忽遇趙州，又作麼生？」婆子與師一掌。師休去。

白話文：

趙州在路上遇到一個老婆婆，問老婆婆要做什麼去？婆婆回：「去偷趙州的竹筍。」

趙州問：「突然遇到趙州時又怎麼辦？」婆婆打了趙州一掌，趙州知趣而去。

註：偷這一回事是神不知鬼不覺，只有自己（自性）才知道，趙州搬出了名相所以被婆子所打。

婆子借宿

有一婆子日晚入院來，師云：「作什麼？」

婆云：「寄宿。」

師云：「者裏是什麼所在？」婆呵呵大笑而去。

白話文：

有一天晚上有一位老婆子進到寺院裡來，趙州和尚問：「妳來做什麼？」老婆子回：「來借宿。」趙州回：「這裡是那裡妳知道嗎？」老婆子聽了呵呵大笑而離去。

註：婆子大笑是因爲趙州和尚著了男女相。

註十五：

「昔有婆子，供養一菴主，經二十年。常令一二八女子送飯給侍。一日令女子抱定。曰：正恁麼時如何？主曰：枯木倚寒巖，三冬無煖氣。女子舉似婆。婆曰：我二十年祇供養得個俗漢。遂遣出燒卻菴。」（五燈會元）

白話文：

有一位禪師住在一位婆子供養的房子內修行，每天由婆子的少女送餐，三年後婆子囑少女抱住和尚並問：「正恁麼時如何？」和尚曰：「枯木倚寒岩，三冬無暖氣。」婆子聽了說：「我供養三年，才供養一個俗漢。」遂趕他去。和尚托缽三年回來，求婆子再收留他，婆子同意又囑少女故技重施，和尚曰：「天知、地知、你知、我知，莫教阿母知。」

註：二十年來婆子的女子，不可能一直是十六歲，由僧人所說的三冬無煖氣來判斷，應該是供養三年。本例白話文部份引用坊間流傳之公案，出處不明。

註十六：

如來涅槃。非有非無。非有為非無為。非有漏非無漏。非色非不色。非名非不名。非相非不相。非有非不有。非物非不物。非因非果。非待非不待。非明非闇非出非不出。非常非不常。非斷非不斷。非始非終。非過去非未來非現在。非陰非不陰。非入非不入。非界非不界。非十二因緣非不十二因緣。

白話文：

如來的涅槃境界，不是有不是無，不是有爲也不是無爲，不是有漏也不是無漏，不是有色也不是無色，不是有名也不是無名，不是有相也不是無相，不是有也不是沒有，不是物也不是非物，不是因也不是果，不是依靠也不是不依靠，不是明也不是暗，不是出也不是不出，不是常也不是不常，不是斷也不是不斷，不是開始也不是終了，不是過去也不是未來及現在，不是陰也不是不陰，不是入也不是不入，不是三界也不是非三界，不是十二因緣也不是非十二因緣。

註：光明遍照高貴德王菩薩品第十之一

註十七：

師因入京，路逢官人，命喫飯。忽見驢鳴，官人召云：「頭陀。」師舉頭，官人却指驢，師却指官人。

白話文：

註：星雲大師的《星雲禪話》誰是驢子？一文中的情節不同於上文，引述於下：

唐代洪州（江西）百丈山的惟政禪師，是馬祖道一禪師的法嗣弟子。他的禪法特色是在幽默中不失禪趣，經常以詼諧的語言、動作來顯示他的禪機妙用。

有一次，一位官員騎著一頭驢子趕著到京城去辦事，在半路上，忽然遇到百丈惟政禪師。碰巧這時候傳來一聲驢叫，這位官員也跟著驢叫的聲音大喊：「和尚！」

百丈惟政禪師抬起頭，看了這位官員一眼，只見那位官員一臉嘲笑地指了指驢子。

百丈惟政禪師知道他是有意嘲諷出家人，既不生氣，也不辯解，只是淡淡地說：「誰在和驢子的聲音呼應啊？」

這位官員自知理虧，但是又心有不甘，於是問說：「和尚，你是驢子嗎？」

百丈惟政禪師說：「驢子是你的啊！」

這名官吏自覺不能討便宜，便默然準備離開。

百丈惟政禪師見狀，就說：「哎呀！驢子怎麼不開口了呢？」

一旁的圍觀者聽了，紛紛哈哈大笑。只見官員面有慚色，匆匆騎上驢子，趕緊離去。

註十八：

光明遍照高貴德王菩薩摩訶薩白佛言。世尊。若犯重禁謗方等經作五逆罪一闡提等有佛性者。是等云何復墮地獄。世尊。若使是等有佛性者。云何復言無常樂我淨。世尊。若斷善根名一闡提者。斷善根時所有佛性云何不斷。佛性若斷云何復言常樂我淨。如其不斷何故名為一闡提耶。世尊。犯四重禁名為不定。謗方等經作五逆罪及一闡提悉名不定。如是等輩若決定者。云何得成阿耨多羅三藐三菩提。得須陀洹乃至辟支佛亦名不定。若須陀洹至辟支佛是決定者。亦不應成阿耨多羅三藐三菩提。世尊。若犯四重不決定者。須陀洹乃至辟支佛亦不決定。如是不定諸佛如來亦復不定。若佛不定。涅槃體性亦復不定。至一切法亦復不定。云何不定。若一闡提除一闡提則成佛道。諸佛如來亦應如是。入涅槃已。亦應還出不入涅槃。若如是者涅槃之性則為不定。不決定故當知無有常樂我淨。云何說言一闡提等當得涅槃。

爾時世尊告光明遍照高貴德王菩薩摩訶薩言。善哉善哉。善男子。為欲利益無量眾生令得安樂。憐愍慈念諸世間故。為欲增長發菩提心諸菩薩故。作如是問。善男子。汝已親近過去無量諸佛世尊。於諸佛所種諸善根。久已成就菩提功德。降伏眾魔令其退散。已教無量無邊眾生。悉令得至阿耨多羅三藐三菩提。久已通達諸佛如來所有甚深祕密之藏。已問過去無量無邊恒河沙等諸佛世尊如是甚深微密之義。我都不見一切世間。若人若天沙門婆羅門若魔若梵。有能諮問如來是義。今當誠心諦聽諦聽。吾當為汝分別演說。善男子。一闡提者亦不決定。若決定者是一闡提終不能得阿耨多羅三藐三菩提。以不決定是故能得。如汝所言佛性不斷。云何一闡提斷善根者。善男子。善根有二種。一者內。二者外。佛性非內非外。以是義故佛性不斷。復有二種。一者有漏。二者無漏。佛性非有漏非無漏。是故不斷。復有二種。一者常。二者無常。佛性非常非無常。是故不斷。若是斷者則應還得。若不還得則名不斷。若斷已得名一闡提。

白話文：

光明遍照高貴德王菩薩摩訶薩問佛說：世尊若四重禁，毀謗方等經，犯下五逆罪及一闡提人都還有佛性，爲何他們會墮入地獄呢？世尊！若他們有佛性，爲何又說無常樂我淨呢？世尊！斷善根的人名爲一闡提人，他斷善根時，爲何佛性不斷呢？如果佛性有斷，爲何又說常樂我淨呢？如果是不斷，爲何又叫做一闡提呢？世尊！犯下四重禁的名爲不定，毀謗方等經，作出五逆罪及一闡提人，都是稱爲不定，這些人，若犯這些罪卽有定果了，爲何能成就阿耨多羅三藐三菩提？證得須陀洹乃至辟支佛果的，也都不定，要是定果了，那就不可能成就阿耨多羅三藐三菩提。世尊！若犯四重禁的沒有定果，那須陀洹乃至辟支佛果的也應該不定，如果都不定，那諸佛如來也應該不定，若佛不定，那涅槃也應該不定，甚至一切法也是不定。爲什麼說不定呢？假設一闡提不是一闡提了，則能成佛道，諸佛如來也應如此，進入涅槃，也應會出涅槃，及不進入涅槃，如果是這樣，那涅槃的本質就是不定，因爲不定所以應當無常樂我淨。爲何又說一闡提人終究得入涅槃？

這時，世尊對光明遍照高貴德王菩薩摩訶薩說：善哉！你爲了利益無量衆生，讓他們得到安樂，慈憫世人，讓他們能增長發菩提心，而提問這些問題。

善男子！你已親近過無量的諸佛世尊，已在諸佛處種下許多善根，早已通達諸佛所有甚深秘密寶藏，也問過無數如同恆河沙數的諸佛甚深微密奧義，我過去沒見過人、天、沙門、婆羅門、魔、梵天等問這樣的問題。你要用心諦聽！我爲你的解說。

善男子！一闡提也是不定果者，因爲有定果則他就不能得阿耨多羅三藐三菩提，因爲未定果所以會有得的。就像你說的佛性不斷，爲何一闡提斷了善根呢？善根有二種，一是內，另一是外，而佛性不在內外，因此佛性不斷。另外還有二種，一種有漏，另一種無漏，佛性非有漏無漏，所以不斷。又有二種，一種是常，另一種是無常，佛性是非常非無常，所以不斷。若是已斷還是會回復回來，所以還未回復的還是名叫不斷，也是名叫一闡提。

註：大般涅槃經，光明遍照高貴德王菩薩品第十之二

註十九：百丈野狐

百丈每至陞座，常有一老人聽法。一日眾去，老人獨留。丈云：「汝是何人？」

老人云：「某非人，然某緣五百生前迦葉佛時曾住此山，錯答學人一轉語，所以五百世墮野狐身，今欲舉此話，請和尚為答。」

丈云：「汝試舉看。」

老人云：「大修行底人還落因果也無，某對云不落因果。」

丈云：「汝問，我與汝道。」

老人遂問：「大修行底人還落因果也無？」

丈云：「不昧因果。」老人遂悟，得脫野狐身化去。

白話文：

百丈禪師每次陞座說法，常常有一位老人來聽法。有一次說法畢大眾都散去了，唯獨這個老人留下來。百丈問：「您是什麼人？」老人回：「我不是人，我是五百世前迦葉佛住世時住在此山，當時錯答學人的提問，所以落得五百世的狐狸身，今天想問當年的問題，來請和尙爲我解答。」百丈說：「你說看看。」老人說：「眞正大修行的人還會不會落入因果之中？我當時回答不會落入因果之中。」百丈說：「你問，我回。」老人於是便問：「眞正大修行的人還會不會落入因果之中？」百丈回：「不會在因果之中有所迷昧。」老人聽了當下領悟，終於得以脫去狐狸身。

註廿：妙法蓮華經方便品二

「我以無數方便種種因緣譬喻言辭演說諸法，是法非思量分別之所能解，唯有諸佛乃能知之。」

白話文：

我以無數的方便法及各種的因緣譬喻法來演說諸法，這法不是思量分別可以理解的，唯有諸佛能知道的。

註廿一：

佛告須菩提：「莫作是說。如來滅後，後五百歲，有持戒修福者，於此章句能生信心，以此為實，當知是人不於一佛二佛三四五佛而種善根，已於無量千萬佛所種諸善根，聞是章句，乃至一念生淨信者。」

白話文：

（須菩提又問道：「佛陀！後世的許多衆生，聽聞您今日所說的微妙言說、章句，能不能因此而生實信之心？」）佛陀回答須菩提：「不要這樣說，在我滅度後的第五個五百年，若有持守戒律、廣修福德的人，能從這些言說章句生出信心，當知這些人，不止曾經於一佛、二佛、三、四、五佛處種下諸善根，他們早已於無量萬千諸佛處，種下諸善根，所以當聽聞部份章句，能使之一念之間生起清淨信心的人。

註：金剛經第六分

「後五百歲」，指第五個「五百歲」。佛陀之後：第一個五百年，是「解脫堅固」，即是證悟解脫的人多；第二個五百年，是「禪定堅固」，即是認眞修行的人多；第三個五百年，是「多聞堅固」，多聞的人多，眞修眞學的人少；第四個五百年，是「塔寺堅固」，即是塔寺很多；第五個五百年，是「鬥諍堅固」，即是是非紛諍非常多。

註廿二：金剛經第十四分

佛告須菩提：「如是！如是！若復有人，得聞是經，不驚、不怖、不畏，當知是人甚為希有。」

白話文：

佛告訴須菩提：「正是如此！正是如此！如果有人聽聞這部經，能夠不驚疑、不恐怖、不畏懼，就可知道，這人是非常希有難得的。」

註廿三：金剛經第十六分

「復次，須菩提！善男子、善女人，受持讀誦此經，若為人輕賤，是人先世罪業，應墮惡道，以今世人輕賤故，先世罪業則為消滅，當得阿耨多羅三藐三菩提。」

白話文：

再說，須菩提！如果有善男子、善女人接受並修持讀誦此經，若受人譏罵或是輕賤，那是此人先世所造的罪業很重，本應墮入三惡道中去受苦，但是他在此世能因受人輕賤之緣故，而過去惡業得以消滅，將來證得無上正等正覺。

註廿四：金剛經第四分

須菩提！菩薩無住相布施，福德亦復如是不可思量。須菩提！菩薩但應如所教住。

白話文：

須菩提！菩薩於無住相布施。其福德亦是如此不可思量。須菩提！菩薩只要依著我的教法修行。

註廿五：金剛經第八分

「須菩提！於意云何？若人滿三千大千世界七寶以用布施，是人所得福德，寧為多不？」

須菩提言：「甚多，世尊！何以故？是福德即非福德性，是故如來說福德多。」

「若復有人，於此經中受持，乃至四句偈等，為他人說，其福勝彼。何以故？須菩提！一切諸佛，及諸佛阿耨多羅三藐三菩提法，皆從此經出。」

白話文：

「須菩提！你認爲如何？若有人用滿三千大千世界的七寶用來布施，你認爲這人所獲得的福報，多不多呢？」

須菩提回答：「非常多，世尊！爲什麼呢？因爲有住相的福德不是眞實福德，所以佛陀說的福德是無住相的福德，所以是多。」

「如果又有一人，能夠信受奉持此部經，即使只有受持其中四句偈等，又能夠爲他人解說，那麼，他所得的福德更勝過布施的人。什麼緣故呢？須菩提！因爲十方一切諸佛，及一切無上正等正覺法都從此經而出。

註廿六：金剛經第二十六分

爾時，世尊而說偈言：「若以色見我，以音聲求我，是人行邪道，不能見如來。」

白話文：

這時，世尊於是說偈：「若有人想以形相諸色來見我（自性），以聲音語言來求我，此人是行邪道，不能見到如來本性的。」

註廿七：有句無句

疎山到溈山便問：「承師有言：『有句、無句，如藤倚樹。』忽然樹倒藤枯，句歸何處？」溈山呵呵大笑。

疎云：「某甲四千里，賣布單來。和尚何得相弄？」

溈喚侍者：「取錢還這上座。」

遂囑云：「向後有獨眼龍，為子點破去在。」

後到明昭舉前話，昭云：「溈山可謂頭正尾正，只是不遇知音。」

疎復問：「樹倒藤枯，句歸何處？」

昭云：「更使溈山笑轉新。」疎於言下有省，乃云：「溈山元來笑裡有刀。」

白話文：

（匡仁禪師聽說福州大潙山大安和尙曾示衆云：「有句無句，如藤倚樹」，於是便特地入嶺，投大安和尙座下。剛去的時候，正好趕上大安和尙在泥牆壁。）

匡仁禪師便走上前問道：「承聞和尙道，有句無句，如藤倚樹是否？」

大安和尙道：「是。」

匡仁禪師道：「忽遇樹倒藤枯，句歸何處？」大安和尙便呵呵大笑。

匡仁禪師說道：「我可是四千里路，一路上賣卻布單爲盤纏特爲此事而來。」大安和尚一聽，便喚侍者取錢還給匡仁禪師，讓他離開，並且囑咐道：「以後會有獨眼龍爲你點破。」

離開大安和尚之後，匡仁禪師到婺州明招德謙和尚處，把自己參大安和尚的經過告訴了德謙和尚，德謙說：「溈山可謂是頭正尾正，只是沒遇到知音。」匡仁禪師仍然沒有省悟。反過來卻問德謙和尚：「忽遇樹倒藤枯，句歸何處？」德謙和尚說：「你這樣又重新讓溈山和尚笑了。」匡仁禪師終於言下大悟，遂感嘆道：「溈山原來笑裡有藏刀！」

註：明招德謙禪師左眼殘疾，人稱獨眼龍。

註廿八：

師上堂云：「汝等諸人，祇得大機，不得大用。」時九峰在眾，便抽身出去，師召之，九峰更不回顧。

師云：「此子，堪為法器。」

一日辭師云：「某甲，辭違和尚，千里之外，不離左右。」

師動容云：「善為。」

白話文：

溈山靈祐禪師上堂：「你們這些人，只得到大機沒得到大用。」這時九峰禪師在場，便離開眾人之中走了出去，溈山喊他，九峰也不回頭。溈山說：「這人是個傳法之器。」有一天九峰向溈山告辭說：「我向和尚您告辭，就算是在千里之外，我也沒離開您身邊。」溈山聽了大受感動說：「好自爲之。」

註廿九：

雲居道膺禪師，由翠微處往參洞山。師曰：「甚處來。」

居云：「翠微來。」

師曰：「翠微有何言句示徒。」

居云：「翠微供養羅漢。某甲問：『供養羅漢，羅漢還來否。』微曰：『你每日噇（喫飯）箇甚麼。』」

師曰：「實有此語否。」

云：「有。」

師曰：「不虛參見作家來。」

白話文：

雲居道膺禪師，從翠微無學禪師處來參洞山良价禪師，洞山問：「從什麼地方來？」雲居回：「從翠微處來。」洞山問：「翠微有沒有什麼言句來教導徒衆？」雲居說：「翠微對羅漢像上供，我問他：『供養羅漢，羅漢會來嗎？』翠微回我：『你吃個什麼飯啊！』」洞山問：「眞有此話？」雲居回：「有。」洞山說：「眞是不虛參見到作家了。」

註卅：女子出定

「昔文殊至諸佛集處，值諸佛各還本所。唯有一女人，近彼佛座入於三昧。文殊乃白佛言：『何此女人得近佛座，而我不得？』

佛告文殊：『汝但覺此女令從三昧起，汝自問之。』文殊遶女人三匝，鳴指一下，乃盡其神力而不能出。

世尊云：『假使百千之文殊，出此女人定不得？下方經過四十二億恒河沙國有罔明菩薩，能出此女人定。』須臾罔明大士從地涌出，禮拜於佛。佛勅罔明出女人定，罔明卻至女人前鳴指一下，女人於是從定而立。」

白話文：

以前文殊菩薩到諸佛齊聚之地時，正好諸佛都回歸各自的淨土世界去了，唯有一女子在佛座附近進入甚深禪定之中，文殊菩薩問佛說爲何這位女子可以接近佛座，而我卻無法靠近呢？佛告訴文殊菩薩：你就讓她從禪定中出定，然後你自己問她吧！文殊菩薩遶女子三圈，彈指一下，甚至用盡一切神通力都不能讓她出定。世尊說：就算有百千個文殊，也無法讓她出定，下方過四十二億恒河沙國土世界有一位罔明初地菩薩，能讓這位女子出定。一會兒罔明大士從地涌現出來，禮拜佛陀後，佛令罔明菩薩去讓女子出定，罔明菩薩到女子面前彈指一下，女子便出了定。

註卅一：妙法蓮華經普門品

無盡意菩薩白佛言。世尊。觀世音菩薩。云何遊此娑婆世界。云何而為眾生說法。方便之力。其事云何。佛告無盡意菩薩。善男子。若有國土眾生。應以佛身得度者。觀世音菩薩。即現佛身而為說法。應以辟支佛身得度者。即現辟支佛身而為說法。……

應以居士身得度者。即現居士身而為說法。……應以長者居士宰官婆羅門婦女身得度者。即現婦女身而為說法。應以童男童女身得度者。即現童男、童女身而為說法。……

白話文：

無盡意菩薩向佛稟告說：「世尊！觀世音菩薩，是什麼因緣而自在的遊化這個娑婆世界？又是什麼因緣為娑婆世界的眾生說法？及行種種方便之力，其因緣為何？」佛言：「善男子！十方世界的國土之眾生，若應該以佛身來方便得度者，觀世音菩薩便化身佛身來為其說法，應該以辟支佛身方便得度者，即化身辟支佛身來為其說法……（中略）應該以居士身方便得度者，便化身居士身來為其說法……（中略）應該以長者、官員、婆羅門、婦女身方便得度者，即化身婦女身來為其說法。應該以童男童女身方便得度者，即化身為童男童女身為其說法……（後略）

註卅二：大珠禪師語錄

問：「此頓悟門，以何為宗，以何為旨，以何為體，以何為用？」

答：「無念為宗，妄心不起為旨，以清淨為體，以智為用。」

問：「既言無念為宗，未審無念者無何念？」

答：「無念者，無邪念，非無正念。」

問：「云何為邪念？云何名正念？」

答：「念有念無，即名邪念；不念有無，即名正念。念善念惡，名為邪念；不念善惡，名為正念。乃至苦樂、生滅、取捨、怨親、憎愛，並名邪念；不念苦樂等，即名正念。」

問：「云何是正念？」
答：「正念者，唯念菩提。」
問：「菩提可得否？」
答：「菩提不可得。」
問：「既不可得，云何唯念菩提？」
答：「只如菩提，假立名字，實不可得，亦無前後得者。為不可得故，即無有念。只個無念，是名真念。菩提無所念，無所念者，即一切處無心，是無所念。只如上說如許種無念者，皆是隨事方便假立名字，皆同一體，無二無別。但知一切處無心，即是無念也。得無念時，自然解脫。」

白話文：

問：「此頓悟法門是以何爲宗？以何爲旨？以何爲體？以何爲用？」
答：「以無念爲宗，妄心不起爲旨，以淸淨爲體，以智慧爲用。」
問：「既然說無念爲宗，不知無念是無念什麼？」
答：「無念是無邪念，不是無正念。」
問：「什麼是邪念什麼是正念？」
答：「有念頭或無有念頭之念是邪念；不起有念還是無念是正念。有善惡法之念是邪念，沒有善惡法之念是正念。甚至是有苦樂、生滅、取捨、怨親、憎愛，都是邪念；沒有苦樂等念頭的是正念。」

問：「什麼是正念？」

答：「正念者唯在覺悟上念。」

問：「覺悟可得嗎？」

答：「覺悟不可得。」

問：「既然不可得，那如何念菩提？」

答：「這個菩提只是假托之名，實是不能去得，也沒有修之前修之後就能得。因爲祂不可得，所以也不能去念。就這個無念才是眞念。菩提無所可念，無所可念卽是處於一切皆無心，也是無所念。照前述許多無念者，都是隨事件而方便假立的名字，都是同樣的，沒有差別。只要知道處在一切情境中，都是無心也是無念也。若能無念時就自然解脫。」

註卅三：七賢女

七賢女遊屍陀林，一女指屍曰：「屍在者裏。人在甚麼處去？」

一女曰：「作麼！作麼！」

諸女諦觀，各各契悟，當下齊悟無生法忍。

感帝釋散花曰：「惟願聖姊有何所須？我當終身供給。」

女曰：「我家四事七珍悉皆具足，唯要三般物。一要無根樹子一株；二要無陰陽地一片；三要叫不響山谷一所。」

帝釋曰：「一切所須我悉有之，若三般物，我實無有。」

女曰：「汝若無此，怎解濟人？」

帝釋罔措，遂同往白世尊。

世尊曰：「憍尸迦，我諸弟子大阿羅漢不解此義，唯有諸大菩薩乃解此義。」

白話文：

有七位姐妹同遊屍陀林，其中一位姐妹指著一具屍體說：「屍體在這裡，靈性去那呢？」另一姐妹說：「是這麼！是這麼！」其她姐妹同時諦觀，各自都契悟於心，當下同時證得無生法忍。這舉動讓忉利天帝釋憍尸迦感應到這七位姐妹不是尋常人，帝釋散花現形在她們面前說：「各位聖姐有什麼願望需求？我願終身供養妳們。」有一女說：「我們家一切用物都俱足，唯有三樣物。一是無根的樹一株，二是沒有高低不平的地一片，三是叫不會有回音的山谷一座。」帝釋聽了說：「天下一切珍寶我都有，就這三樣物，我真的沒有。」一位姐妹說：「如果沒有，那你還一直嚷著要供養我們？」帝釋不知所措，便與七姐妹一同到釋尊處求解。世尊說：「憍尸迦，這三物我的所有大阿羅弟子不能通達此含意，只有諸天大菩薩能解開此義。」

註：四事一般可指：衣服、飲食、臥具、醫藥，或指衣服、飲食、湯藥、房舍等。七珍又名七寶、七菩提分是金、銀、琉璃、珊瑚、琥珀、硨磲、瑪瑙。無無念，並不是像枯木一般的，沒有任何念頭；而是有正念，甚至像枝葉繁茂欣欣向榮般生生不息，但這些正念是不染塵執有的，故像無根樹一般。地不平是因衆生根性高低不齊，但能高處高平；低處低平，便是平等不二。自性能生萬法，法法皆俱外相，

有形之相乃方便之法，外相如同四圍山谷，衆生易見相而起法相識見，若能於相離相，見法非法，便如同一座叫不響的山谷。帝釋若當七賢女提出這三般物時能有悟，祂的那句「我實無有」就是答案了。

註卅四：臨濟坐禪

義玄禪師一日在黃檗僧堂裏睡，黃檗入來，以拄杖於床邊敲三下，義玄舉首，見是和尚，卻睡。黃檗打席三下去，卻往上間，見首座坐禪，乃云：「下間後生卻坐禪，汝這裏妄想作什麼？」

首座云：「這老漢患風耶？」黃檗打板頭一下，便出去。

白話文：

臨濟義玄禪師有一天在黃檗的僧堂裡睡覺，黃檗進來，用手杖打床邊三下，義玄抬頭看是黃檗老師，卻是繼續睡。黃檗打席子三下而離開，然後往上間首座房去，看見首座在坐禪，便說：「下間的後生在坐禪，你在這裡胡思亂想什麼？」首座說：「義玄是感冒了嗎？」黃檗打了他的香板一下，便走出去。

註：香板，漢傳佛教用具，始於禪宗。長扁平形的木板，古時叢林道場，則依季節而有不同的製作材質，冬季多爲硬木所製，夏季則以軟木製成。香板被作爲糾正坐禪行者怠惰、昏沉、妄想、姿勢不正等之警醒用具。一般是由方丈、首座、西堂、後堂、堂主、維那、知客、糾察等執事所持用。

註卅五：大珠禪師語錄

問：「夫修根本，以何法修？」

答：「惟坐禪，禪定即得。禪門經云：『求佛聖智，要即禪定；若無禪定，念想喧動，壞其善根。』」

問：「云何為禪？云何為定？」

答：「妄念不生為禪，坐見本性為定。本性者，是汝無生心。定者，對境無心，八風不能動；八風者：『利、衰、毀、譽、稱、譏、苦、樂』，是名八風；若得如是定者，雖是凡夫，即入佛位。何以故？菩薩戒經云：『衆生受佛戒，即入諸佛位；得如是者，即名解脫，亦名達彼岸、超六度、越三界、大力菩薩、無量力尊，是大丈夫。』」

白話文：

問：「要修根本之道要用何法來修？」

答：「唯有坐禪，禪定才可得。禪門經有說『要求佛的聖智，便要禪定；若無禪定，念頭紛亂，會壞了善根。』」

問：「什麼是禪？什麼是定？」

答：「妄念不生起爲禪，能坐見本性爲定（本性不動搖），本性就是你的無生之心。定者，是對境不起心念，八風也不能動搖；八風是利、衰、毀、譽、稱、譏、苦、樂這八風；若是能定者，雖是平常人，即刻入於佛位。爲什麼呢？菩薩戒經有說：『衆生信受了佛戒，卽是入了同諸佛之位；是如此者也是名爲解脫亦叫達彼岸、超越六度波羅蜜、超越三界、大威神力菩薩、無量威神力世尊、是大丈夫（佛號之一）。』」

註卅六：竹密不妨流水過

善靜在普樂處典園務。有僧辭普樂。普曰：「四面是山，闍黎向什麼處去？」僧無對。語善靜。靜代對曰：「竹密不妨流水過，山高那阻野雲飛。」

白話文：

善靜在普樂禪師處擔任典園職務。有一僧人要辭別普樂禪師往他方去時。普樂禪師問：「四面都是山圍著，教授師要向什麼地方去？」僧人對不出話。僧人將這話告訴善靜，善靜便說：「竹子雖然茂密但是擋不住水流過去，山雖然很高但阻擋不了野雲飛過去。」

註：京兆府永安院善靜禪師，洛浦元安禪師之法嗣，善靜禪師得到洛浦禪師的印可後，旋即返回故鄉長安，結廬於終南雲居山，開法接衆，一時道俗，歸之如市，常隨徒衆，達五百餘人。後逢戰難，物是人非，幸有留守王公創永安禪院，請師居之。開運丙午年（九四六），善靜禪師入寂，春秋八十九。

澧州洛浦山（又稱樂普山）元安禪師（公案寫「普樂」），夾山善會禪師之法嗣，元安禪師示寂于光化元年（八九八）。

註卅七：一捧沙

有一天，釋尊帶著弟子托缽外出化齋。一群小孩在路上玩堆沙子。其中一位女孩子，遠遠看見釋尊帶領弟子們而來，就半戲半眞的用雙手從地上捧一捧沙，走到佛陀面前，往佛陀的飯缽內一放。釋尊也客氣地接受了她的沙土。大弟子舍利佛看了不高興，心想這女孩怎麼可以用沙土戲弄釋尊。舍利佛在路上實在忍不住，就問道：「師尊，剛才那女孩子，把沙土放在您的缽裡，您怎麼能讓她這麼胡鬧？」釋尊微笑：「你們不知，此女千百年後，因緣成熟，要在東震旦國爲王。這時我如不接受她的沙，她將會試圖去破壞佛法。我接受了她的沙子，這樣讓她結下此善因緣，她將來做王時將會弘揚佛法。」傳說這個女孩子，就是後來中國歷史上的一代女王武則天。但與《雜阿含經》所載不同：

時，世尊順邑而行。時，彼有兩童子，一者上姓，二者次姓，共在沙中嬉戲：一名、闍耶，二名、毗闍耶。遙見世尊來，三十二大人相莊嚴其體。時，闍耶童子心念言：「我當以麥麨（細沙）著世尊缽中。」時，毗闍耶合掌隨喜，如偈所說：

「見大悲世尊，通身一尋光，勇顏睹世尊，心生大敬信，捧沙即奉施，得離生老際。」時，彼童子而發願言：「以惠施善根功德，令得一天下一傘蓋王，即于此生得供養諸佛。」如偈所說：「牟尼知彼心，及彼意所願，受果增善根，及福田力故，即以大悲心，受其奉施沙。」……「阿難當知，于我滅度百年之後，此童子于巴連弗邑統領一方，為轉輪王，姓孔雀，名阿育，正法治化。又復廣布我舍利，當造八萬四千法王之塔，安樂無量眾生。」

這段經文指的是百年之後，孔雀王朝的阿育王，也是第一位統一全印度的國王。

註卅八：觀音入理

因普請钁地次。忽有一僧，聞飯鼓鳴，舉起钁頭，大笑便歸。

師曰：「峻哉！此是觀音入理門。」

師歸院，乃喚其僧問：「適來見什麼道理便憑麼？」

對云：「適來只聞鼓聲動，歸吃飯去來。」師乃笑。

白話文：

百丈與僧人們一同耕作掘地。忽然有一僧人聽到吃飯的鼓響，便不等大家舉起鋤頭大笑回去。

百丈見狀說：「太棒了！這就是觀音入理之法門。」

百丈回到院裡叫該僧人來問：「剛才你見到什麼道理才有那些舉動？」

僧人回答：「剛才只是聽到鼓聲響，可以吃飯了才回來。」百丈聽了便笑出來。

註：於禪林從事作務勞役時，普請大衆，上下合力，稱為普請。今俗稱出坡。據《入唐求法巡禮行記卷二》載，此制於唐代即行於各地，當收穫蔓菁蘿蔔時，院中上座等盡出揀葉；如庫頭無柴時，院中僧等盡出擔柴。蓋此制原係倡導農禪，凡耕作摘茶等作務皆以普請為之。後世普請僅限於輕微勞動，如四月佛誕摘花、六月曬藏、曬薦，平時園中摘菜、溪邊搬柴及節前寺舍掃除等，皆偶一為之而已。又建造房屋，亦稱普請，以需多數人之協力勞作之故。（引自佛光大辭典，慈怡法師主編）

註卅九：鐘聲七條

雲門曰：「世界恁麼廣闊，因甚向鐘聲裏披七條？」

白話文：

世界這麼廣大，你們選擇了出家這條路，聽到鐘聲就披上僧服集結，是爲了什麼？

註：鐘聲經常成爲僧人參禪悟道、通向悟境的津梁。僧人聽到鐘聲，披上七條衣，趕去集合，這是佛門規矩；佛門有三件袈裟，用途有別，五條衣是工作服，七條衣是誦經服，九至二十五條衣是大禮服。七條衣梵語鬱多羅僧，凡入衆、禮拜、誦經、聚會等，皆著此衣。

註四十：楞嚴經．卷四之十三

阿難言：「汝今聞不？」阿難大眾俱言：「我聞。」鐘歇無聲，佛又問：「汝今聞不？」阿難大眾俱言：「不聞。」時羅侯羅又擊一聲。佛又問言：「汝今聞不？」阿難大眾又言：「俱聞。」佛問阿難：「汝云何聞？云何不聞？」阿難大眾俱白佛言：「鐘聲若擊，則我得聞，擊久聲銷，音響雙絕，則名無聞。」如來又敕羅侯擊鐘。問阿難言：「汝今聲不？」阿難大眾，俱言有聲。少選聲銷，佛又問言：「爾今聲不？」阿難大眾，答言無聲。有頃羅侯更來撞鐘。佛又問言：「爾今聲不？」阿難大眾，俱言有聲。佛問阿難：「汝云何聲，云何無聲？」阿難大眾俱白佛言：「鐘聲若擊，則名有聲，擊久聲銷，音響雙絕，則名無聲。」佛語阿難及諸大眾：「汝今云何自語矯亂。」大眾阿難，俱時問佛：「我今云何名為矯亂？」佛言：「我問汝聞，汝則言聞，又問汝聲，汝則言聲。唯聞與聲，報答無定，如是云何不名矯亂。阿難，聲銷無響，汝說無聞，若實無聞，聞性已滅，同於枯木，鐘聲更擊，汝云何知，知有知無，自是聲塵或無或有，豈彼聞性為汝有無，聞實云無，誰知無者，是故阿難，聲於聞中，自有生滅，非為汝聞，聲生聲滅，令汝聞性，為有為無。」

白話文：

（佛告訴阿難：你學多聞，並沒有盡除諸煩惱疑惑，心裡只徒勞的知道顛倒的原因，而眞正的顚倒現前時，卻不認識。）我怕你還不相信，我現在試著利用一般事物，來去除你的疑惑。這時如來命羅候羅擊鐘一下，問阿難：「你現在『聞』聽到了嗎？」阿難跟大衆同時回答：「我聞聽到了。」鐘聲餘音消失後，佛又問阿難：「你現在聞聽到了嗎？」阿難跟大衆同時回答：「沒有聞聽到。」這時羅候羅又擊鐘一下。佛又問：「你現在聞聽到了嗎？」阿難跟大衆同時回答：「我們都聞聽到了。」佛問阿難：「你爲什麼有聞聽到？又爲什麼沒聞聽到？」阿難與大衆同時回答：「鐘被擊則我有聞聽到，過了一會餘音沒了，鐘聲及餘音都消失了，則說無聞聽到。」如來又命羅候羅擊鐘，問阿難：「現在有『聽』到嗎？」阿難及大衆回答有聲音。一會兒餘音消失佛又問：「現在有聽到嗎？」阿難及大衆都回答沒有聲音。過了一會羅候羅又來撞鐘。佛又問：「現在有聲音嗎？」阿難跟大衆同時回答：「有聲音。」佛問阿難：「你爲什麼說有聲？又爲什麼說沒聲？」阿難與大衆同時回答：「鐘被擊則是有聲，過了一會餘音沒了，鐘聲及餘音都消失了，則說沒聲。」佛告訴阿難及大衆等：「你們今天爲何講話顛倒錯亂呢？」阿難及大衆同時問佛：「我們那裡有講話顛倒錯亂呢？」佛說：「我問你們聞聽，你們回答聞聽，再問你們聲音，你們回答聲音。就在聞聽及聲音上，你們回答不一樣，怎麼不是顛倒錯亂呢。餘音消失你說是沒有聞聽，若眞的已無聞聽，表示聞聽的根性已經不在了，就跟沒生命的枯木一樣，當鐘聲再響時，你怎麼又能聞聽呢？知道有聲無聲，是俗世的無或有，不是聞性上的無或有，聞性沒有，那是那個知道沒有，所以阿難啊！聲音在聞性之中，自會有生與滅，不是你所聽到生與滅，是你的聞性去覺察是有是無。」

註四一：聯燈會要．成都府昭覺克勤禪師

陳提刑解印還蜀，過山中問道，因語次。

五祖曰：「提刑少年曾讀小豔詩否？詩有兩句頗相近。『頻呼小玉元無事，只要檀郎認得聲。』」提刑應諾。

祖曰：「且仔細。」

圓悟適自外歸，侍立次，問曰：「聞和尚舉小艷詩，提刑會麼？」

祖曰：「他只認得聲。」

圓悟曰：「『只要檀郎認得聲。』他既認得聲，為什麼却不是？」

祖曰：「如何是祖師西來意？庭前柏樹子。」

圓悟忽然有省。遽出外，忽見鷄飛上欄干，鼓翅而鳴。復自謂曰：「此亦不是聲。」遂袖香入室，通所悟，呈偈曰：「金鴨香銷錦繡幃，笙歌叢裏辭扶歸，少年一段風流事，

只許佳人獨自知。」

祖曰：「此佛祖大事，非小根劣器所能造詣，吾助爾喜。」

白話文：

陳提刑官解任回到蜀地，經過五祖法演住持的山中而去拜訪問參。五祖問：「提刑您年輕時有沒有讀過言情小說？小說中有二句話跟你問的很相近。小姐故意在屋子裡頭呼喚丫頭小玉的名字，小玉馬上答應：『我在哩，小姐有什麼吩咐？』小姐說：『喔！沒事。』如此反覆多次，原來小姐別有用意，是叫給心上人檀郎聽的，表示我正在這裡。」陳提刑說我懂了。五祖說：「是不是很清楚。」圓悟克勤剛好從外歸來，侍立在旁問說：「聽到和尚剛用小說的詩，提刑會嗎？」五祖說：「他只聽懂聲音。」圓悟說：「只要檀郎明白小姐喊丫頭的用意。他既然知道用意，爲什麼却不會？」五祖說：「如何是祖師西來意旨？庭院前的柏樹果實。」圓悟忽然領悟到，立刻衝出去，忽然看到鷄飛上欄杆，震動翅膀鳴叫。然後自言自語：「這不是聲音。」接著在袖子裡放一隻香回到五祖禪房，將他所悟的做了一偈給法演禪師：「體悟到的感受，就好像少年與少女相互愛戀，深情款款，互通心意一般。」五祖說：「開佛知見的大事，不是小根小器的人所能成就的，我恭喜你了。」

註四二・道德經第五章

「天地不仁，以萬物爲芻狗；聖人不仁，以百姓爲芻狗。天地之間，其猶橐籥乎！虛而不屈，動而愈出。多言數窮，不如守中。」

白話文：

天地眞是一點都不仁慈啊！對待萬物就像對待芻狗一般，放任萬物自生自滅。聖人同樣一點都不仁慈，也把百姓當芻狗般對待，任由百姓去自謀生路。天地間，道的作用就像是冶鐵時用的風箱一般！其中空虛卻不會屈撓，運作的越快萬事萬物就產出越多。說多了反而把道給說僵了，還不如守於中道。

註：老莊與禪師們一樣，爲了不讓衆生執滯在文字障礙上，常用一些詭辯的言辭也就是所謂的「正言若反」。天地自然與聖人同心，讓萬物衆生有成長覺醒的施予、教化，萬物及衆生也當在時機予我之時，努力積存資糧及智慧，好在「時不予我」之時，免遭受到被淘汰的命運，所以「唯仁者能好人，能惡人。」亦如同涅槃經一開頭，釋尊以神通力告之三界十方衆生，在佛入涅槃前有疑要快問。佛未允衆生繼續住世之請，便是以不仁而大悲也。

註：芻狗，用草紮成的狗，古代祭祀時用爲贖罪除禍的替身。當芻狗還沒陳列出來祭祀時，被人用盒子裝好，外面再用錦繡包著，連祭師都要在齋戒沐浴後才能取用它。但在祭祀過後，它就被丟棄在地上，任由路過的人踩在它身上。

註四三：趙州禪床

一日，真定帥王公攜諸子入院，師坐而問曰：「大王會麼？」

王云：「不會。」

師云：「自小持齋身已老，見人無力下禪床。」

王公尤加禮重。

翌日令客將傳語，師下禪床受之。

少間侍者問：「和尚見大王來不下禪床，今日軍將來為什麼卻下禪床？」

師云：「非汝所知。第一等人來，禪床上接；中等人來，下禪床接；末等人來，三門外接。」

白話文：

有一天，趙王拜訪趙州從諗禪師，禪師躺在床上，不起身迎接，趙王就親自到他的床前看他。趙州禪師說：「趙王懂嗎？」趙王回：「不懂。」趙州禪師說：「趙王！我年老力衰，沒有力氣起來迎接你，請原諒！」趙王一點都不見怪，還更加禮重。第二天趙王派了將軍來傳話。趙州禪師立刻下床來迎接他，過了一些時候侍者僧問：「和尚您見趙王時都不下床迎接，現在不過是趙王派來的將軍，您爲什麼親自下床迎接？」趙州回答：「你不知道，第一等人來我在禪床上迎接，中等人來我下禪床迎接，末等人來我到山門外迎接。」

註：景德傳燈錄

註四四：

顛倒求諸功德增上慢心，求天人勝妙境界有漏，以火宅果報喻對治。

聲聞一向決定增上慢心，自言我乘與如來乘等，窮子喻無差別。
大乘一向決定增上慢心，無別聲聞辟支佛乘，雲雨喻。
實無謂有增上慢心，實無溺涅槃生涅槃想，化城喻。
散亂增上慢心，不求大乘狹劣心，寶珠喻中生虛妄解。
實有功德增上慢心，聞大乘法取非大乘，髻珠喻。
實無功德增上慢心，聞第一乘心中不取，醫師喻以為第一乘。

白話文：

自以爲是的顛倒心，求種種功德以求天人勝妙境界有漏果報。以火宅譬喻對治

聲聞乘認定與如來乘相等的貢慢心，以窮子譬喻對治。

修大乘而認定是與聲聞辟支佛乘無差別之貢慢心，以雲雨譬喻對治。

實無法確認爲是有法，實無涅槃卻生涅槃想，以化城譬喻對治。

散亂之貢慢心，不向上求大乘法的狹劣低下心，以寶珠譬喻對治。

認爲實有功德之貢慢心，聞大乘法卻取非大乘法，以髻珠譬喻對治。

雖能於大乘修實無功德想，但聞第一乘心中不取修，以醫師譬喻對治。

註：妙法蓮華經憂波提舍卷下

註四五：

一、爲他人說此《法華經》。二、受持此經。三、讀誦此經。四、供養此經及供養寶塔。五、得深智慧及修習禪定。六、頭面禮足及讚歎功德。七、自書教人書。八、持大乘

戒及精進勇猛。九、廣聞如來法及低頭合掌。十、著忍辱鎧、恭敬諸佛、信受信解及起塔供養。十一、如說修行。十二、獨處山林靜處、大慈悲心、柔和心、護持法藏。十三、布施、稱名念佛、瞻仰尊顏。十四、集衆聽法及隨喜。十五、修法華三昧、音樂供養、尊重、問訊、求無上道、善答問難、現一切色身三昧、陀羅尼咒。十六、畫佛像、遶佛、供給走使、以身爲床座、不惜身命、不說人過、不說經典過、不輕慢諸餘法師、不說他好惡、不稱名說小乘過、不稱名讚歎小乘、不以小乘法答、不希供養、不輕罵學佛道者、不戲論諸法、平等說法、立僧坊、供養衆僧、供養讚歎聲聞衆僧、自燃其身供養佛、燃手指供佛塔、燃足一指供佛塔、三十七助道品、求索此經。

註四六：

三位一體是聖父、聖子與聖靈同爲一體，子是父的化身和彰顯，靈是子的實際和實化。建立於西元三二五年第一次尼西亞公會議的《尼西亞信經》，會議的決定並沒有止息爭端，只是成爲爭端的開始。爲何會如此爭論不休，主要是基督宗教是唯獨信仰，也就是只能有一位眞神上帝，其餘的都不能稱神，也不能行神蹟，這樣的結果導至耶穌及聖經中的聖靈是否具有神性？這問題若不能得到解決，會對該信仰產生根本上危機。

註四七：五燈會元

問：「如何是古佛心？」

師曰：「流出慈悲喜捨。」

白話文：

僧人問：「什麼是古佛心？」法眼文益禪師回：「會流出慈悲喜捨的。」

註四八：蚊子上鐵牛

藥山惟儼問：「三乘十二分教某甲粗知，嘗聞南方直指人心，見性成佛。實未明了，伏望和尚慈悲指示。」

師曰：「恁麼也不得，不恁麼也不得，恁麼不恁麼總不得。子作麼生？」山罔措。

師曰：「子因緣不在此，且往馬大師處去。」山稟命恭禮馬祖，仍伸前問。

馬祖曰：「我有時教伊揚眉瞬目，有時不教伊揚眉瞬目，有時揚眉瞬目者是，有時揚眉瞬目者不是。子作麼生？」山於言下契悟，便禮拜。

馬祖曰：「你見甚麼道理便禮拜？」

山曰：「某甲在石頭處，如蚊子上鐵牛。」

馬祖曰：「汝既如是，善自護持。」

白話文：

藥山惟儼問：「三乘十二分教我大概知道，但聽聞南宗頓法以直指人心，見性成佛來示人。我實在不明白，祈求和尚慈悲開示。」石頭說：「這樣子是得不到的，不這樣子也是得不到的，這樣子不這樣子總是得不到的。你怎麼想？」藥山迷罔。石頭說：「你的因緣不在我這，去馬祖那裡吧。」藥山奉了石頭指示去禮拜馬祖，問在石頭那的問題。馬祖說：「我有時候叫祂給我動一下眉毛眨一下眼，有時不叫祂給我動一下眉毛眨一下眼，有時動一下眉毛眨一下眼的是祂，有時動一下眉毛眨一下眼的不是祂，你怎麼想？」藥山聽了領悟，於是禮拜馬祖。馬祖問他：「你領悟到什麼而禮拜？」藥山回：「我在石頭那裡，就好像蚊子叮鐵牛一般，無處下嘴。」馬祖說：「你既然悟了，就好好護持住。」

註四九：

巖頭全豁禪師又參德山和尚，入方丈門，側身問：「是凡？是聖？」德山喝，師禮拜。有人舉似洞山，洞山曰：「若不是豁上座，大難承當。」師聞之，乃曰：「洞山老人不識好惡，錯下名言。我當時一手抬、一手搦。」

白話文：

巖頭全奯禪師再去參問德山和尚，進入方丈門時，是側著身問：「是凡？是聖？」德山大喝一聲，全奯禪師卽禮拜。有人舉這公案問洞山良价禪師，洞山說：「要不是像全奯上座這等根性，非常難去承當。」全奯聽到，便說：「洞山老人不知道好壞，弄錯我們示現的名言。重點是我當時是一手抬著、一手按著。」

註五十：

「無作見」是佛陀時代，外道六師之一的富樓那迦葉的論點，認爲人死後一切皆無，無功德、善惡等等。

註五一：

佛陀時代外道學說，總共有六十二種，故稱爲六十二見。以色、受、想、行、識等五蘊法爲基礎，起常、無常、亦常亦無常、非常非無常等見，成二十見；起有邊際、無邊際、亦有邊際亦無邊際、非有邊際非無邊際等見，成二十見，起有去來、無去來、亦有去來亦無去來、非有去來非無去來等見，成二十見，此六十見又加上根本的色心二見，共成六十二見。

註五二：

疏山匡仁禪師，有僧為師造壽塔畢，白師。

師曰：「將多少錢與匠人？」

曰：「一切在和尚。」

師曰：「為將三錢與匠人，為將兩錢與匠人，為將一錢與匠人？若道得，與吾親造塔來。」僧無語。

後僧舉似大嶺庵閑和尚。

嶺曰：「還有人道得麼？」

僧曰：「未有人道得。」

嶺曰：「汝歸與疏山道，若將三錢與匠人，和尚此生決定不得塔。若將兩錢與匠人，和尚與匠人共出一隻手。若將一錢與匠人，累他匠人眉鬚墮落。」

僧回如教而說。師具威儀望大嶺作禮，嘆曰：「將謂無人，大嶺有古佛放光，射到此間。

雖然如是，也是臘月蓮花。」

大嶺後聞此語，曰：「我恁麼道，早是龜毛長三尺。」

白話文：

有僧人爲疏山匡仁禪師造壽塔，建好後回禪師，禪師問：「要給匠人多少錢？」僧人回：「一切看禪師的意思。」禪師說：「給匠人三錢，給二錢還是給一錢？如果答得出，這塔才是爲我而造。」僧人答不出。這僧人後將此語問羅山和尚問：「有人說得出道理的嗎？」僧人回：「沒有人說得出。」羅山和尚說：「你回去跟疏山回，如果給匠人三錢，和尚這輩子得不到一座塔來紀念他；如果給兩錢，和尚就與匠人共出一隻手來建塔；如果給一錢，就會讓匠人做白工。」僧人將此語轉告給匡仁禪師，禪師立刻具足威儀恭敬的向羅山作禮，感嘆的說：「我以爲天下已無見性之人了，原來羅山上有古佛放光到這裡，雖然是如此，也是冬天的蓮花過時了。」羅山之後聽到匡仁禪師的評論說道：「我這麼說，早就像是烏龜身上長出三尺毛髮，話太多了。」

註：三錢表示念頭、法門太多；兩錢且是和尚與匠人共一手，表示體用合一；一錢表示只有「用」沒有「體」，所做之事不易合於良知良能。羅山的回答最傳神的便是「和尚與匠人共出一隻手」，很巧妙的將禪師喻爲本體，匠人爲作用，且二人融合爲一體共同來作用。

註五三：

「聖主由來法帝堯，御人以禮曲龍腰，有時鬧市頭邊過，到處文明賀聖朝。淨洗濃粧為阿誰？子規聲裏勸人歸，百花落盡啼無盡，更向亂峰深處啼。枯木花開劫外春，倒騎玉象趁麒麟，而今高隱千峰外，月皎風清好日辰。眾生諸佛不相侵，山自高兮水自深，萬別千差明底事，鷓鴣啼處百花新。頭角纔生已不堪，擬心求佛好羞慚，迢迢空劫無人識，肯向南詢五十三。」

白話文：

有修之士境界未臻完善，如同聖明君主還未是堯帝境界所以要效法之，虛心學習就像君王待人是禮賢下士，雖然有時還會受塵喧囂而心動了，但四方修者都會祝賀你的修爲。洗淨濃粧爲了顯露眞我，像杜鵑鳥的啼聲「子歸！子歸！」一般，回歸眞實的自我。就算爭奇鬥豔花朵般的執著都落光了，仍須繼續提醒自己，在更深處的雜染啼叫要回歸。這時在空觀之中生出妙有智慧，已臻聖者境界卻未執有，如此像是深隱在千峰之外不染塵，處在月明風清的時光中。就算是衆生或諸佛也與你無干，山高它自高水深它自深，千差萬別的法門也都能運用自如，就像鷓鴣百花中啼春曉。修行到頂也未覺有，還慚愧自己未達佛境界，空劫以來沒有人認識他自己的，只要願意向南求問五十三。

註：最後一句「肯向南詢五十三」，筆者不清楚是何意？猜測可能跟他的「寶鏡三昧歌」有關，其意是以重離卦（上下皆離卦）的爻分拆疊之，而形成三疊五變，因

爲「離」屬火、南方，所以可能要從這些卦相中去瞭解。另有人提出可能是效法善財童子五十三參。

註五四：

師曰：「契飯時作麼生？」又曰：「得力須忘飽，休糧更不饑。」

師曰：「背時作麼生？」又曰：「只知朱紫貴，辜負本來人。」

師曰：「放下鋤頭時作麼生？」又曰：「撒手端然坐，白雲深處閒。」

師曰：「不得色。」又曰：「素粉難沈路，長安不久居。」

師曰：「不共。」又曰：「混然無諱處，此外復何求？」

白話文：

洞山說：「吃飯時要做什麼？」又說：「吃飯時不能忘了用功，不要只知要吃飽，沒糧食才不會受饑餓（沒修行的時機時還能自持）。」

洞山說：「背離時要做什麼？」又說：「只知道華麗的經偈，反而辜負了它的本來道理。」

洞山說：「鋤頭放時做什麼？（佛法放下不執有）」又說：「撒手坐著像白雲深處裡無事一般。」

洞山說：「不執形相。」又說：「一點形相是爲了方便法，但不能太著相說法。」

洞山說：「不著空有體用。」又說：「混沌太虛般，此外無什麼可求。」

註：洞山良价「功勳五位」之說。

註五五：

《清淨道論》〈說地遍品〉有詳述四種禪那修習法，在修定之前要先離十八種不適合精舍：大、新、破、路旁、有泉、有葉、有花、有果、有名的、近城市、近田、與不合者、近港口、邊疆、國界、不當、無善友。簡單來說，就是要避開會讓學定者不專心的人事物。適合的須具備五種條件的精舍：離乞食村落不遠也不近，白天不吵晚上安靜，無蚊蟲、風、熱等不良環境，易得到衣服、飲食、醫藥、臥具，有多聞善知識可親近。

要如何進行呢？有十種方法：坐處明淨，看守諸根，曉了於相，令心自調，制伏懈怠，心無穢著，心定常舍，近學定人，樂中安定。

若不能安止定則可依十種善巧：令事物清淨，使五根平衡，於相善巧，當策勵心時卽策勵心，當抑制心時卽抑制心，當鼓勵心時卽鼓勵心，當以捨心觀察時卽以捨心觀察，遠離無等持的人，親近等持的人，傾心於等持。

入初禪捨斷支離諸欲，指感官與身心煩惱欲，得五種自在：轉向、入定、住定、出定、觀察自在。第二禪除了初禪之定外具有樂、喜、心三支。第三禪住於捨：六支、梵住、覺支、精進、行、受、觀、中、禪那、遍淨捨。第四禪生不起苦不樂受，故捨念清淨。四禪四定再加上空無邊處定、識無邊處定、無所有處定和非想非非想處定，便是四禪八定。四禪八定後雖心識不生，但第七識還會以八識爲「我」之識，「滅盡」之意既是滅盡了一切六識的心，乃至滅盡執著第八識爲「我」的心。四禪八定與滅盡定的合稱是爲「第九次定」。

註五六：傳燈錄

師令希遷持書與南嶽讓和尚曰：「汝達書了速迴。吾有箇钁（鈍）斧子，與汝住山。」

遷至彼，未呈書。

便問：「不慕諸聖，不重己靈時如何？」

讓曰：「子問太高生，何不向下問？」

遷曰：「寧可永劫沈淪，不慕諸聖解脫。」讓便休。

遷迴至靜居，師問曰：「子去未久，送書達否？」

遷曰：「信亦不通，書亦不達。」

師曰：「作麼生？」遷舉前話了，卻云：「發時蒙和尚許钁斧子，便請取。」師垂一足。

遷禮拜，尋辭往南嶽。

白話文：

青原行思禪師令石頭希遷持書信到南嶽懷讓處交給他，說道：「你信送到就快回來，我有一個鈍斧頭要給你去開創叢林道場。」希遷到後並未交出信件。

問懷讓：「不仰慕諸聖賢，也不重視自己的靈性時如何？」（他暗指將來遇到這種人時要如何指撥）

懷讓說：「你問的太高深了，爲何不退而求其次的問？」

希遷說：「那我寧可永劫沈淪，也不仰慕聖賢解脫之道。」（暗指不放棄這種人）懷讓不再有言回歸禪房。

希遷回到行思禪師處，行思問他：「你去不久，書信送到了嗎？」

希遷回答：「信不通書不達。」（他未表認同）

行思說：「怎麼說呢？」希遷把對話內容說了一遍，然後問：「出發時承蒙和尚說要送我斧頭，請取出來吧。」行思垂下一足，希遷見狀便禮拜行思，又出發前往南嶽。

註五七：已進不退

隱峰禪師一日推土車次，馬祖道一大師展其腳在路上坐。

師云：「請師收足。」

大師云：「已展不縮。」

師云：「已進不退。」乃推車碾過。

大師腳損歸法堂，執斧子云：「適來碾損老僧腳底，出來！」

師便出，於大師前引頸，大師乃置斧。

白話文：

隱峰禪師有一天推著土車，馬祖道一禪師在其路上把腳伸出坐著。隱峰說：「請老師把腳收回。」馬祖說：「已經伸出去的不能收回。」隱峰說：「已經向前了就不能退。」於是推車把馬祖的腳蹍過。馬祖腳傷回到法堂，手拿著斧頭問：

「剛才把我腳踝傷的人出來。」隱峰於是出列並伸出脖子，馬祖卻將斧頭放下。

註五八：其聲如雷

鄧隱峰，到溈山，便入堂，於上板頭，解放衣鉢。師聞師叔到，先具威儀，下堂內相看。隱峰見來，便作臥勢。師便歸方丈，隱峰乃去。少間，師問侍者：「師叔在否。」云已去。師云：「去時有甚麼語。」云無語。師云：「莫道無語，其聲如雷。」

白話文：

隱峰禪師來到大潙山，直接進入法堂內，他將衣鉢放到首座的香板上面，潙山靈祐禪師聽說師叔駕到，便先整理儀容莊重的到法堂內欲拜見師叔，隱峰禪師見到他來便做出臥睡姿勢，潙山便回到方丈房內，而隱峰禪師也離開潙山。過了一些時候潙山問侍者：「師叔還在嗎？」侍者回：「不在了。」問：「師叔離去時有沒有說什麼？」侍者回：「沒有。」潙山說：「不要說沒有，他的聲音跟雷一樣。」

註：潭州潙山靈祐禪師語錄

註五九：無相頌

心平何勞持戒？行直何用修禪？恩則孝養父母，義則上下相憐。讓則尊卑和睦，忍則眾惡無喧。若能鑽木取火，淤泥定生紅蓮。苦口的是良藥，逆耳必是忠言。改過必生智慧，護短心內非賢。日用常行饒益，成道非由施錢。菩提只向心覓，何勞向外求玄？

聽說依此修行，天堂只在目前。

白話文：

心是平等不二的何必要再持戒？行的正坐的直的何必要修禪？懂得報恩的人自會孝養父母，明白大義的人自會長幼恤悌。謙讓者知道尊卑順序所以一團和睦，能忍的會讓衆惡也無法興起。若能像鑽木取火般的用功，那怕處在環境差的世間也能成就菩提。人家的苦口勸誡是我們治身修心的良方，忠心的告誡一定不是好聽的話。把過錯改善定是因爲有了智慧，不指正他人缺失者，就不是賢良之人所安的心。平時要常常幫助他人使之能得大益處，成道並不是佈施金錢而能成的。菩提只能向自心去尋找，何苦要向外去探求玄解？聽了我這偈並依偈而修，天堂就在眼前了。

註：疑問品第三

國家圖書館出版品預行編目資料

談經說義 - 淺論六祖壇經 / 左震宇
作. -- 初版. -- 臺北市：博客思，2019.8
面；　公分
ISBN　978-957-9267-27-4　（平裝）
1. 六祖壇經 2. 禪宗 3. 佛教說法

226.65　108011139

佛學與人生 10

談經說義 - 淺論六祖壇經

作　　者：左震宇
編　　輯：楊容容
美　　編：楊容容
校　　對：沈彥伶 陳嫵竹
封面設計：塗宇樵
出 版 者：博客思出版事業網
發　　行：博客思出版事業網
地　　址：台北市中正區重慶南路1段121號8樓之14
電　　話：(02)2331-1675或(02)2331-1691
傳　　真：(02)2382-6225
E—MAIL：books5w@gmail.com或books5w@yahoo.com.tw
網路書店：http://bookstv.com.tw/
https://www.pcstore.com.tw/yesbooks/
博客來網路書店、博客思網路書店
三民書局、金石堂書店
總 經 銷：聯合發行股份有限公司
電　　話：(02) 2917-8022　傳 真：(02) 2915-7212
劃撥戶名：蘭臺出版社　帳號：18995335
香港代理：香港聯合零售有限公司
地　　址：香港新界大蒲汀麗路 36 號中華商務印刷大樓
C&C Building, 36,Ting, Lai, Road, Tai,Po, New,Territories
電　　話：(852)2150-2100　傳真：(852)2356-0735
出版日期：2019年8月 初版
定　　價：新臺幣300元整（平裝）
ISBN：978-957-9267-27-4